唯物史观视域中的制度正义

李 真 著

图书在版编目（CIP）数据

唯物史观视域中的制度正义 / 李真著. ——北京：
商务印书馆，2024. ——ISBN 978-7-100-24686-6

Ⅰ. B82

中国国家版本馆CIP数据核字第202448RB99号

权利保留，侵权必究。

唯物史观视域中的制度正义
李真 著

商务印书馆出版
（北京王府井大街36号 邮政编码100710）
商务印书馆发行
三河市尚艺印装有限公司印刷
ISBN 978-7-100-24686-6

2024年12月第1版　　开本880×1230　1/32
2024年12月第1次印刷　印张 8

定价：58.00元

前　言

　　正义自古以来就是人们追求的一种价值理想，不同时代的思想家基于各自的立场从不同的角度对正义问题进行了特定阐释和深入挖掘，形成了多种不同的正义范式，比如分配正义、矫正正义、政治正义、经济正义，等等。从根本上而言，各维度的正义理念的真正实现必须回到对制度正义本身的考察上来。制度正义是正义问题研究的一个重要的理论生长点，也是国家和社会发展中一个重大的迫切需要研究的现实问题。唯物史观是制度正义的深刻的理论基础，本书从这一理论视野出发，不仅对制度正义概念、制度正义的基础和来源进行了分析，还具体阐释了不同社会形态下的制度正义，即资本逻辑主导下的资本主义制度正义以及以人为根本的社会主义制度正义。

　　首先，在明晰制度、正义以及二者关系的基础上，阐释了制度正义的概念。第一，制度与正义有着共同的社会关系本质。制度是稳定化和固定化的社会关系，调整和规范着人们的交往方式和交往行为；正义是人与人之间"相称"的社会关系，从根本上说，是一种交往价值。第二，制度的正义性与正义的制度化的耦合。制度正义作为一个复合概念，内含着制度与正义之间的双向互动关系，正义是制度的灵魂，制度是正义实现的重要载体和根本保障。第三，制度正义是各维度正义有效性之根本。第四，制度正义是规范人的正义行为的硬性准则。它不仅包含人们在公共生活中应当如何正当行动的理由和根据，而且涉及通过引导、许可、奖励、限制和惩戒等方式使人的正义行为真正得以实现。

其次，立足唯物史观及其蕴含的价值思想，阐释制度正义的基础和来源。第一，生产方式作为人的各种社会关系形成和发展的根据，是制度正义产生及其理想性和现实性的坐标。生产方式的历史性和稳定性决定了制度正义的历史性和稳定性。第二，制度正义的主体性前提是现实的人而不是抽象的人。从抽象的人出发实际上是将人置于制度正义之外，只有从现实的人出发，制度正义才能在真正意义上调整人的社会关系、协调人的利益分配。第三，制度正义以人的实践活动为基础而不是一种理性的建构。实践活动的具体性、历史性和丰富性是制度正义合理性和正当性的基础和前提。只有从实践活动出发才能保证制度正义的现实品格。第四，制度正义的根本评价尺度是要看从谁的利益出发，以个人利益还是社会集体利益为原则。它内嵌着主体的需要和利益，体现了主体对正义社会的价值追求和价值理想。以人民群众的利益为根本出发点的制度正义是一个真正的正义社会所必需的。第五，制度正义在不同社会形态下有着差异化表现。这主要体现在所有制基础、价值原则和价值目标等方面。

再次，批判性地剖析资本逻辑主导下的资本主义制度正义。第一，从所有制层面看，资本主义制度正义是建立在私有制基础上的，具有前提的不正义性。第二，从权利层面看，资本主义制度正义的自由和平等具有形式上的正义性。第三，从分配层面看，资本主义制度正义因为暗含了劳资分离这一更为深刻的不平等因素，必然导致分配结果上的不平等。第四，从以剥削为特征的生产方式看，资本主义制度正义具有不彻底性。

最后，基于马克思的正义思想，分析以人为根本的社会主义制度正义。第一，"生产"在社会主义制度正义中具有基础性和决定性地位。生产方式决定分配方式，以生产领域而不是分配领域为基点，才是真正把握和建构社会主义制度正义的要义所在。第二，以公有制为基础的社会主义制度正义是整体性意义上的"生产-分配正义"。按劳分配和按需分配制度作为人本层面的分配制度，指向人的自我完善和自我实现。第三，人的自由全面发展是社会主义制度正义的根本价值原则，与资本主义制度正义有着根本不同。第四，人的自由全面发展只有在自由人的联合体即共产主义社会中才能实现，这是社会主义制度正义实现的旗帜和理想社会形态。

目录

导 言 /1
一 选题缘由与现实意义 /1
二 国内外研究现状 /16
三 研究思路与框架 /33

第一章 制度正义概念 /36

第一节 制度与正义共同的社会关系本质 /37
第二节 制度的正义性与正义的制度化的耦合 /53
第三节 制度正义是各维度正义有效性之根本 /61
第四节 制度正义是正义行为的硬性规范 /67

第二章 制度正义的基础和来源 /75

第一节 基于生产方式的历史性和稳定性 /76
第二节 主体性前提：现实的个人而不是抽象的人 /84

第三节 以实践活动为基础而不是理性的建构 /95
第四节 根本评价尺度：谁的利益？ /106
第五节 不同社会形态下的差异性表现 /116

第三章 资本逻辑主导下的资本主义制度正义 /123

第一节 私有制在资本主义制度正义的前提性地位 /124
第二节 自由平等的形式性：权利层面的资本主义制度正义 /142
第三节 结果不平等：分配层面的资本主义制度正义 /155
第四节 以剥削为主要特征的生产方式与资本主义制度正义的不彻底性 /163

第四章 以人为根本的社会主义制度正义 /172

第一节 "生产"在社会主义制度正义中的基础性地位 /173
第二节 从"按劳分配"到"按需分配"：分配层面的社会主义制度正义 /188
第三节 人的自由全面发展：社会主义制度正义的根本价值原则 /197
第四节 "自由人联合体"与社会主义制度正义的优越性 /207

结语 "新全球化时代"制度正义理论创新的中国方案 /219

参考文献 /237

导　言

一　选题缘由与现实意义

（一）为什么从制度层面谈正义

在人类文明数千年的绵延中，正义是最激动人心而又令人神往的价值范畴。由于正义问题本身的复杂性和重要性，学者们纷纷从各自的角度对正义问题做了一定的阐发和讨论。以往学者对正义问题的探讨普遍基于权利的角度，并且是囿于概念思辨的逻辑层面对"何谓正义"进行的讨论。正义问题要想落地生根，是需要在"何谓正义"的解释范式基础上进一步追问正义应当如何落实。在正义的落实层面，制度无疑是最具关键性的一环。可以说，制度与正义息息相关，没有制度保障的正义是脆弱和空洞的，不以正义为鹄的的制度是盲目的。简言之，各维度正义的实现从根本上需要制度正义的保障。

纵观正义思想的发展历程，虽然其内涵几经嬗变，但是都有意或无意地落在了亚里士多德所建构的分配正义框架中。通常认为，亚里士多德是最早对分配正义的内涵进行系统阐述的先哲。他基于德性视角指出分配正义就是城邦公民根据其美德"得其所应得",应得的对象主要是与政治权利相关的公职和荣誉,"一个政体就是城邦公职的分配制度"①。休谟首次基于财产权视角思考分配正义问题,促进了分配正义的内涵由德性正义转向经济正义,分配的对象也由政治权利转向经济利益,并对当代分配正义的开拓性人物罗尔斯产生了深刻的影响。罗尔斯明确地指出自己对正义环境的原初设定继承了休谟的观点:"休谟对它们的解释是特别明晰的,我前面的概述对休谟特别详细的讨论并没有增加什么重要的东西。"②然而,罗尔斯并没有在"正义的环境"、"什么是正义"这些问题中止步不前,而是将正义的主题定义为社会基本结构及其制度安排,并试图进一步从正义原则出发理性地建构一套完美的制度,以此来保障正义理念的实现。罗尔斯对分配正义的讨论奠定了当代政治哲学讨论分配正义的基本论域和基本路径,不管是诺齐克基于个人权利视角的持有正义,还是森和纳斯鲍姆基于能力平等的视角指出正义在于具体个人的实际能力的实现,或人在实践中做具有意义或有价值的事的行为能力,他们都几乎一致同意,分配正义要处理的是如何在社会基本结构中分配基本权利和义务以及资源的问题。简言之,分配正义的根基在于一种规则而非伦理德性。当代西方政治哲学对正

---

① 〔古希腊〕亚里士多德:《政治学》,吴寿彭译,北京:商务印书馆,1965年,第185页。
② 〔美〕约翰·罗尔斯:《正义论》,何怀宏等译,北京:中国社会科学出版社,1988年,第127页。

义的讨论，大多停留在概念思辨的层面为资本主义制度的正义性做合法性辩护，而没有对制度本身的正义性进行反思与辩护。一言以蔽之，这些对正义问题的研究都止步于"什么是正义"、"实现什么的正义"的解释范式，而没有考虑正义理念的实现问题。

在进一步深化正义理论研究的层面而言，不应当止于对正义理念的定义和解析，而应当在此基础上追问正义理念应当如何实现。毋庸讳言，正义理念的实现，从根本上是需要制度的有效保障的。制度作为一种根本性的价值规范，从根本上保障公民的权利和义务，合理地分配由国家支配的资源、机会和利益，从而保障个体在制度上不被羞辱乃至赢得自尊，从而实现自身的积极成就和生活计划。"分配正义的主要问题是社会制度选择问题。"① 然而，制度作为一个以分配利益和负担为核心内容的社会结构或社会建制，必然会拷问并评价其本身是否具有合法性和正当性的问题，亦即"制度正义"问题。制度正义作为所有正义体系中最重要和关键的一种形态，它上承观念化的正义理念，使正义理念成为一种制度事实，下达实体化的制度规范，使制度的实施能够保障社会成员的权利和利益，"并在很大程度上决定着他们想要成为的那种个人，以及他们所是的那种人"②。从根上说，制度正义不是对"何谓正义"的讨论，而是对正义应当如何实现的追问；也不是基于权利视角对社会善品

---

① 〔美〕约翰·罗尔斯：《政治自由主义》，万俊人译，南京：译林出版社，2000年，第10页。
② 〔美〕约翰·罗尔斯：《政治自由主义》，万俊人译，南京：译林出版社，2000年，第285页。

应如何分配的讨论，而是基于人的自我完善视角对社会基本结构应当如何安排的追问。

也正是在这个意义上而言，《正义论》之所以能产生那么大的影响，并不是因为它的那套细致却相当烦琐的论证，也不是因为像当代英美政治哲学那样沉浸在政治理想的勾勒和概念细分的纠缠中，从而忽视正义的制度层面的安排。毋宁说是因为它从制度层面和制度视角建构了一套相对完备的正义体系，从而使制度正义问题化和主题化。正义不再是一个有关德性和美德的问题，而是一个关乎人们在社会中建构的制度是否具有合理性和正当性的问题。然而，虽然罗尔斯以"正义是社会制度的首要价值"[①]这一命题化的形式提出制度正义问题，但是他的契约主义论证方式和思维模式限制了他的正义论域。阿马蒂亚·森将之称为先验制度主义，即它是一种致力于探究完美的正义，并在此基础上关注制度的正义与否，试图从正义理念出发建构一套正确的制度，而非直接致力于改造现实社会中的不正义现象的制度正义理论。

罗尔斯的确围绕"正义是社会制度的首要价值"这一命题构建了一套体大思精、宏伟缜密的理论体系，也在制度正义建构的过程中不同程度地折射出重要的时代问题和现实问题，这无疑为我们今天的正义研究提供了丰富的借鉴和参考。但是，罗尔斯的正义理论总体上是建立在理性推衍和思辨证明的基础之上的，缺少对历史和

---

① 〔美〕约翰·罗尔斯：《正义论》，何怀宏等译，北京：中国社会科学出版社，1988年，第3页。

社会现实的客观分析。日本学者川本隆史不无揶揄地认为，罗尔斯的正义理论是"在脑子里做着很有意思的体操"。①何怀宏教授也明确地指出，罗尔斯的制度正义理论虽然在继承传统契约论的基础上试图用实践理性关照现实，但其试图构建的声称适用于资本主义社会和社会主义社会的正义原则也蕴含着普遍主义的倾向，具有非历史性。归根结底，其结论的确立是人类理性推演的产物，而不是基于对历史现象和社会事实的把握。因此，有必要回到唯物史观的视域中去审视制度正义。

（二）为什么从唯物史观的视角谈制度正义

唯物史观在何种程度上实现了言说正义方式的革命性变革，即由"什么的正义"的讨论转变为"正义应当如何实现"的讨论，使得其中的隐性正义概念——制度正义得以彰显，为人们指明了一条言说正义的方法论依据和实现正义的有效途径。具体说来，这个问题涉及的问题如下：唯物史观是否具有正义思想？在何种程度上而言，唯物史观阐释的是制度正义？唯物史观对社会主义制度的阐释是否具有某种正义立场？从学理层面来讲，这些问题都是唯物史观理论中根本而重要的问题。从历史环境来说，改革开放之后，中国社会发生了翻天覆地的变化。随着社会主义市场经济的快速发展和资本逻辑在社会生活中的全方位渗透，一方面促进了社会经济的

---

① 〔日〕川本隆史：《罗尔斯：正义原理》，詹献斌译，石家庄：河北教育出版社，2001年，第8页。

快速发展，另一方面也带来了各种各样的问题，特别是社会公平正义问题成为社会普遍关注的问题。对于国内外现实进程中的不公平、不正义问题，具有现实关怀理论品质的唯物史观是否在场？如果在场的话，作为"改变世界而不是解释世界"的马克思主义哲学，会为我们提供何种克服时代问题的途径？这些问题的关键在于唯物史观（正义理论）的性质究竟是什么？要想了解上述问题，就必须从唯物史观的视角对此进行综合性分析，了解资本主义制度与正义的关系，然后在此基础上探讨马克思正义思想的内涵。

这一问题最早被分析马克思主义者罗伯特·塔克提出，随后其他分析马克思主义者纷纷介入对这一问题的研究。艾伦·伍德将罗伯特·塔克的立场总结为：马克思虽然对资本主义制度进行了批判，但并不认为资本主义制度是不正义的。这一观点引发了大量关于"马克思与正义"问题的讨论。西方学界把这一观点称之为"塔克—伍德命题"。尼尔森对这一命题进行了分析，并明确指出，马克思和恩格斯在评价资本主义制度时，从来没有使用正义或不正义的概念来评价资本主义制度。由此可见，这一命题不仅能够反映出马克思对于资本主义制度的态度，也能够体现出马克思对待公平正义的态度。

围绕这一命题，基于对唯物史观性质的不同理解，分析马克思主义者形成了截然不同甚至对立的两种观点：一派以塔克和伍德为代表。他们从唯物史观的科学性质出发，认为正义是受生产方式决定的法权概念，不能作为评价资本主义制度的价值标准。或者说，马克思并不关心资本主义制度是否正义，因为只要一种制度与其生产方式相适应就是正义的，否则就是不正义的。如果用正义原则来审视资本主义制度，有把马克思对资本主义制度必然灭亡的科学论证降格为道德控诉的可能。另一派以胡萨米为代表。他从唯物史观的规范性维度出发，认为正义不仅与特定社会的生产方式有关，而且与阶级利益相关。马克思正是基于无产阶级的立场，以共产主义的正义原则来分析和批判资本主义制度的不正义性。由此，在面对资本主义制度的道德态度上，马克思成了"正义论者"和"非正义论者"的悖论性存在。由上可知，二者的分歧并不在于他们是否从唯物史观出发探讨马克思的正义理论，而是在于他们从怎样的唯物史观出发确立了怎样的马克思的正义理论，是受生产方式制约的交易正义还是站在无产阶级立场的共产主义正义。

之后，一大批分析马克思主义者，如加里·杨、理查德·米勒、G. A. 柯亨、凯·尼尔森、乔·埃尔斯特等人卷入了这场学术争论之中，并将这一研究推向了新的理论水平。与以往囿于唯物史观框架内的讨论马克思与正义的关系不同，在新一轮的研究中，分析马克思主义学者直面自由主义正义理论对马克思正义思想以及社会主义价值优越性的冲击，试图通过重构唯物史观以沟通马克思的正义悖论，从而拯救社会主义制度的价值维度。比如尼尔森试图回归历史唯物主义辩证法沟通马克思的正义悖论。[1] 卢克斯试图通过区分法权道德和解放道德来解决唯物史观专著存在的对正义和道德

---

[1] 参见〔加〕凯·尼尔森：《马克思主义与道德观念》，李义天译，北京：人民出版社，2014年。

态度的似是而非的矛盾。①但是,这些争论和尝试也都是片面解读唯物史观的结果,凸显了西方学者从观念到观念这一思维方式的局限性。事实上,自休谟提出事实与价值的二分问题以来,这一问题便广泛流行,成为哲学研究中一个尚未解决的基本问题,这场争论在很大程度上就来自于这个基本问题。英国学者卢克斯将其称为"似是而非的矛盾"②,令人疑惑的是,这两种截然不同的观点却都基于"对其著作的直接引用和推理"③,杰拉斯将这种现象称为"马克思反对马克思"。但是"事实原则"与"价值原则"二者并不是非此即彼,相互对立的。因此,破除"塔克—伍德命题"引起的"马克思反对马克思"的正义悖论,亟须重新回归到唯物史观的语境中,挖掘和还原马克思正义思想的隐性正义概念——"制度正义"。

唯物史观视域中的制度正义概念缘何是"隐性"的?或者说,唯物史观以何种方式讲述了制度正义概念?诚如古尔德所说:"虽然马克思在著作中并没有用明确的文字对正义理论进行描述,但是在很多理论分析中都体现了正义的内容。"④也就是说,与其说唯物史观中没有专门论述正义概念的著作,毋宁说,唯物史观主张应当

---

① 参见〔英〕史蒂文·卢克斯:《马克思主义与道德》,袁聚录译,北京:高等教育出版社,2009年。
② 参见〔英〕史蒂文·卢克斯:《马克思主义与道德》,袁聚录译,北京:高等教育出版社,2009年,第5—33页。
③ 〔英〕诺曼·杰拉斯:《关于马克思和正义的争论》,载李惠斌、李义天编:《马克思与正义理论》,北京:中国人民大学出版社,2010年,第165页。
④ 〔美〕古尔德:《马克思的社会本体论:马克思社会实在理论中的个体和共同体》,黎鸣等译,北京:北京师范大学出版社,2009年,第149页。

将生产方式当作考察和把握正义的出发点。唯物史观强调："人们的想象、思维、精神交往在这里还是人们物质行动的直接产物。表现在某一民族的政治、法律、道德、宗教、形而上学等的语言中的精神生产也是这样。"① 在此基础上，唯物史观批判了资本主义生产方式的不正义性："劳动力的买和卖是在流通领域或商品交换领域的界限以内进行的……那里占统治地位的只是自由、平等、所有权和边沁。……一旦离开这个简单流通领域或商品交换领域，……原来的货币占有者作为资本家，昂首前行；劳动力占有者作为他的工人，尾随于后。"② 这一批判并不是指向正义理念本身的，而是指向资本主义私有制的。

总而言之，"这个内容，只要与生产方式相适应，相一致，就是正义的；只要与生产方式相矛盾，就是非正义的。"③ 这一论述与其说是对资本主义制度正义性所做的价值判断，不如说是对应当如何评价社会制度正义性的方法论指引。确切地说，这一论述是唯物史观的基本观点、价值原则、历史性原则在正义问题上的具体应用和表现。或者说，唯物史观的方法论表达这样一种立场，对资本主义生产方式批判的革命性意义，不仅在于从否定或批判的意义上揭示了资本主义制度的实质不正义，更为关键的是，制度正义成为唯物史观中隐性的重要概念，可以这么说，正是在对资本主义生产方式尤其是私有制批判的基础上，唯物史观沟通了正义的事实性和

---

① 《马克思恩格斯选集》第1卷，北京：人民出版社，2012年，第151—152页。
② 《马克思恩格斯文集》第5卷，北京：人民出版社，2009年，第204—205页。
③ 《马克思恩格斯文集》第7卷，北京：人民出版社，2009年，第379页。

价值性，实现了正义研究视角的转变——由法权视角转变为制度视角。

如果说罗尔斯是首次以命题化和主题化的形式提出制度正义的思想家，那么，马克思便是首次以否定性的形式将制度正义推向前台的革命家。对于马克思的正义思想，罗尔斯这一当代自由主义者做了深刻的理解和回应。他认为，马克思并没有局限于法权的角度上去狭隘地理解正义概念，而是从社会基本结构这一制度层级去理解正义概念的。这里需要特别指明的是，罗尔斯不仅将马克思的正义概念理解为与社会基本结构安排相关的，他自身也同样将正义理解为与社会基本结构及其制度安排相关的概念。然而，这并不代表处于不同时代、具有不同价值立场的两位哲学家所理解的制度正义具有同质性，毋宁说，他们所阐发的制度正义的异质性大于同质性。因为罗尔斯所试图建构的制度正义理论，并没有触及资本主义私有制，而马克思却深入到资本主义生产方式内部，通过批判资本主义私有财产制度的不正义性来建构一种社会主义制度正义。基于唯物史观的视角，从生产方式出发来把握社会制度的正义性问题，并不囿于对资本主义制度不正义性的批判，在间接意义上，对社会主义制度正义也具有建构意义，即唯物史观通过对资本主义经济制度的批判超越了事实与价值的二分，在批判自由主义正义观脱离经济事实而具有抽象形式性的同时，为建构未来社会主义制度正义规范提供了方法论基础。主要表现为以下两个方面：

第一，唯物史观的历史性原则为把握制度正义的变迁提供了广阔的历史视野。无论是分析马克思主义者对马克思正义概念的解析,还是对马克思正义观的重构,都囿于事实与价值二分的思维方式来分析或界定马克思对资本主义制度的态度,从而产生了对马克思正义思想的误解。这种误解生发于分析马克思主义者对唯物史观历史性原则的忽略。唯物史观视域中的制度正义并不存在一个横亘在事实与价值之间的僵硬边界。历史性原则是它们之间的张力空间,以生产力为基础的社会进步则是沟通事实与价值的现实通道,使制度正义呈现出既立足于现实,又不断超越现实的双重特质。"平等仅仅存在于同不平等的对立中,正义仅仅存在于同非正义的对立中"①。正义在不同的历史发展阶段比如奴隶制度、封建制度、资本主义制度、社会主义制度中具有不同的表现形式,在奴隶制度和封建制度中,实现的是少数人的正义;在资本主义制度中,实现的是普遍性的形式正义;在社会主义制度中,实现的是人民群众的实质正义。制度正义的表现形式呈现出螺旋上升的辩证过程,其间决定制度正义不断发展和更新的根本推动力是生产方式的变迁,这使得唯物史观中的制度正义开显出广阔的历史视野:既基于现实,又贯通理想;既具有实践性,又具有理想性;既是唯物主义的,又具有面向未来的生成性和历史性。

第二,唯物史观的生产性原则为推进制度正义研究提供了科学的研究路径。制度正义自人类社会产生以来就成为人们孜孜以求的价值目标,各个时期的学者都从不同角度对正义问题展开了追寻和探索。当下中国学者立足于时代问题,也对社会正义问题展开了

---

① 《马克思恩格斯全集》第20卷,北京:人民出版社,1971年,第670页。

多角度的讨论。之所以形成这一研究现象和研究热潮，主要在于正义的问题意识契合了当下中国贫富差距日益扩大的不公平、不正义问题，是理论关照现实的反映。那么，面对西方自由主义正义论的强势辐射，以及西方分析马克思主义的分析哲学范式，我们又应当在何种理论框架和方法论基础上来开展对社会主义制度正义的思考呢？毋庸置疑，只能是唯物史观，而不能是罗尔斯复兴的新自由主义的政治哲学传统。

与自由主义的政治哲学传统形成鲜明对比的是，唯物史观的逻辑从根本上而言不是思辨逻辑，而是生产逻辑。因此，不应当仅仅停留在观念和理念层面去实现制度正义，更要透过正义理念的表层，深入到物质生产和经济事实方面去实现制度正义。在物质生产领域，劳动者不沉溺在资产阶级编织的自由和平等的美梦中，意识到劳资交换的不正义的经济事实。"这种觉悟是以资本为基础的生产方式的产物"[1]。如果说意识到资本家通过占有资本而无偿剥削剩余劳动的不正义是一种"觉悟"，而这种意识层面的觉醒实质上是生产方式变迁的产物，所以要对"觉悟"背后的生产方式变迁进行深入分析，才能寻求通达实现社会主义制度正义的现实道路。"现存社会制度的不合理和不公平……只是一种征兆，表示在生产方法和交换形式中已经不知不觉地发生了变化"[2]。如果将现实中的不正义问题解释为一种"征兆"，那么，在这种"征兆"背后是"生

---

[1] 《马克思恩格斯全集》第37卷，北京：人民出版社，2019年，第463页。
[2] 《马克思恩格斯全集》第20卷，北京：人民出版社，1971年，第292页。

产方式和交换方式"不正义的事实。因此,制度正义问题并不是发生在某时某地的偶然性事件,而是由一定社会发展阶段的生产方式决定的历史性现象;制度正义问题的解决和克服也不是诉诸道德观念的变革,而是诉诸生产方式变迁生成的经济制度的变革。

总而言之,唯物史观的方法论告诉我们,对制度正义进行研究,不能单单地就何谓正义、何谓制度正义进行研究,也不能主观构想一条正义原则,要求现实的社会制度设计、制定、运行和变迁符合正义原则。这不仅在理论上具有空想性,而且在现实中不具有可行性。

(三)从唯物史观谈制度正义的现实意义

从唯物史观谈制度正义不仅取决于唯物史观的实践品格、正义理论的内在理论逻辑和理论特质,也取决于当今国际社会现状及当代中国社会主义现代化建设的现实逻辑。

随着科技快速发展带来万物互联的交流方式变革及全球化程度的纵向加深,和平与发展依然是当下时代的两大主题,但是时代却向我们提出了新的正义挑战。比如,发达国家与发展中国家的贫富差距问题,经济全球化过程中的社会生态环境保护问题,国际贸易问题,以及发达国家和发展中国家内部的经济、社会、政治、文化等问题,这种切实关涉人类自身生存与发展的重大现实问题,无不指向制度及其正义性。自1971年,罗尔斯提出建构一套正义的制度体系以维护长治久安的良序社会以来,制度正义问题就一直在欧美思想领域居于主导性地位,这种学术现象正是对上述日常生活世界中一系列问题的思想反映。也就是说,这种讨论本身不仅表明制度正义对于一个社会的基础性意义,而且表明即使是已经进入现代化的欧美发达国家,也以自己的特殊方式在寻求一条长治久安何以可能的有效路径。这条路径既能调节与缓和社会矛盾,又能够使社会具有生机活力与秩序。

制度正义也是中国现代化建设进程中所面临的核心问题之一。"中国整个近代以来的历史,都是剧烈的'制度变迁'史"①。通俗地讲,中国从站起来到富起来再到强起来的变迁史,在某种程度上而言,就是一部制度变迁史。这些变革无一不是在反思和批判既有制度合理性和正当性的基础上,试图寻找一个适合中国走向现代化发展的制度体制。比如,"实践是检验真理的唯一标准"的思想解放运动拉开了中国改革开放的序幕。而作为改革开放重要一环的"社会主义市场经济"在否定计划经济的基础上,逐步实现由社会经济生活领域扩展至社会政治、公共生活各个领域的制度改革和创新。改革开放作为改变中国命运的制度体制变革,并不只是政策和措施的小修小补,而是根本性的体制变革。而这种制度变革是在新的价值观念的引领和推动下进行的。如丹尼尔·贝尔所说:"意识上的变革——价值观和道德伦理上的变革——会推动人们去改变他们的社会安排和体制。"②制度体制上的不断探索和变革,反过来

---

① 高德步:《诺斯的制度变迁理论与中国社会变革评说》,《学习与探索》1996年第4期,第13页。
② 〔美〕丹尼尔·贝尔:《后工业社会的来临》,高铦译,北京:商务印书馆,1984年,第527页。

又不断促进思想解放运动的进一步深入，人们的自由意识、平等意识、法治意识都在进一步高涨。在某种意义上而言，当代中国改革开放40余年的历史，是一部思想解放与制度创新的互动史。因此，回归制度正义的唯物史观语境，可以更好地理解二者的互促互动关系，使二者形成良性互动。在中国改革的攻坚期，更有效地保证社会的稳定秩序，为化解社会矛盾提供一种可行性途径。

不可否认，改革开放以来，中国经济快速发展，创造了社会财富总量增长的世界奇迹。但是随着改革的深入，一些深层次的正义问题暴露了出来，这些公平正义问题比过往的社会正义问题更为复杂和多样。比如，社会资源占有不对等、贫富分化悬殊、教育和医疗不均、城乡差距扩大、阶层分化明显等等。这些问题无一不以各种特殊形式拷问着制度及其正义性问题。因此，如何解决社会发展中的社会公平正义问题成为我们亟须解决的一个重要课题。这一课题的解决有赖于制度的合理设计。与此同时，西方外来文化的入侵也对中国制度正义问题提出了严峻的挑战。因此，区分制度正义在不同社会形态的表现形态和差异性，有利于我们在中国传统文化、西方外来文化入侵与马克思主义哲学的三者交汇点找到一种适合中国历史和现实国情的制度正义，这不仅直接决定着中国改革开放事业的得失成败，也直接决定着中华民族的前途命运。制度正义问题在当代中国的提出，并不是源于罗尔斯《正义论》的思想辐射作用，而是源于制度和正义问题本身已成为中国现代化进程中的关键。回归唯物史观语境探讨制度正义问题，有利于我们突破以往的先验制度主义路径，立足于社会现实，从不正义现象出发，致力于建构具有现实指向的制度正义。一言以蔽之，我们抓住了制度正义问题，就意味着我们正在以某种方式切中了时代向我们提出的现实课题。

二　国内外研究现状

1971年《正义论》的出版引起了巨大的理论效应，主要表现为两个方面：一是自由主义内部关于正义原则是自由还是平等之争；二是学术界对马克思主义和社会主义重新表现出的理论兴趣。分析马克思主义对唯物史观正义论的关注和讨论将这两种理论效应勾连在一起，形成了一股巨大的思想合力，从而对正义问题做了唯物史观的回答。分析马克思主义者对正义问题的讨论，经历了从唯物史观有无正义思想、唯物史观正义思想的内在理路、重构唯物史观正义论的科学性和规范性等话题展开历程。这些争论与相关阐述构成了唯物史观正义论的学术图景，对其进行有效的梳理和勾勒是理解和把握从唯物史观视域谈论正义何以可能、唯物史观视域中的正义何以是制度正义、挖掘唯物史观把握和讲述制度正义特有的内在逻辑、开显通达制度正义生存论意蕴的必经之路和应有之义。简言之，讨论唯物史观视域中的制度正义，有必要对分析马克思主义者就正义问题的讨论进行思想梳理。

（一）国外研究综述

正义话语进入马克思主义理论的视野最初是从分析马克思主义者争论唯物史观是否用正义原则谴责资本主义制度开始的。大致时间是20世纪60年代末到70年代初，随后一批分析马克思主义者纷纷介入这一争论，使该争论经久不衰。然而，从既有文本来看，后来学者并没有在这一问题的讨论上止步不前，而是将研究焦点进一步拓展到唯物史观正义论的重构层面。通过对这一学术史进程的回顾，根据研究主题和理论任务的不同，我们可以粗略地整理出分析马克思主义者研究正义理论的谱系，大致分为两个阶段。

第一阶段，从20世纪60年代末70年代初期持续到80年代末期，集中从概念的角度研究正义是否可以作为评价资本主义制度的价值原则。围绕这一主题展开的讨论包括几个方面，"正义原则是否是一种法权概念"，"正义原则是否可以作为对社会制度合理性辩护的价值原则"，"社会主义制度是否比资本主义制度更为正义"，等等。总而言之，他们从概念的维度出发去审视唯物史观中的正义思想。这一争论的主要介入者有塔克、艾伦·伍德和胡萨米三人。1969年，塔克出版《马克思的革命理念》一书，在其中提出了一个振聋发聩的观点：马克思并没有基于正义的立场谴责资本主义制度[①]，这一论点受到了艾伦·伍德的支持。1972年春，艾伦·伍德立足于马克思的文本，更为翔实地论证了这一具有革命性的观点："马克思并不

---

① 参见 Robert C.Tucker, *The Marxian Revolutionary Idea*, New York: Norton, 1969, p.36。

认为资本主义是不正义的。"①或者说，资本主义制度并没有侵犯任何人的权利。学术界将这一观点称为"塔克—伍德命题"。具体来说，这一命题的结论如下：其一，马克思拒斥将正义原则作为审视或评价资本主义制度的尺度。依据伍德的理解，马克思并没有将正义问题看作抽象的道德规范，而是认为应当把正义原则与生产方式联系起来进行考察，也就是说，马克思对资本主义的审视与自由、平等等道德概念无涉。其二，马克思并没有批判资本主义制度为不正义。因为私有制和雇佣劳动制度是建立在资本主义生产方式上的，因而没有理由说资本家对剩余价值的占有是不正义的。虽然这一观点与人们的道德直觉相违背，但也不能从道德直觉出发解读马克思的正义思想。最后，共产主义社会不是一个正义的社会。伍德认为，"正义"、"自由"和"权利"等法权意义上的陈词滥调并不适用于共产主义社会。这并不意味着之前的社会优越于共产主义社会，而是由于物质的极大丰富消灭了正义得以产生的先决条件：适度匮乏。简言之，共产主义社会不仅意味着阶级社会的终结，而且意味着正义等道德观念的终结。

伍德的观点在学术界引起轩然大波，很多学者都加入了这一讨论，其中最著名的要数其批判者胡萨米。胡萨米在《哲学与公共事物》上发表题为《马克思论分配正义》的论文，针对伍德的上述思想进行了驳斥：其一，马克思虽然并未使用正义等概念对资本主义

---

① 〔美〕艾伦·伍德：《马克思对正义的批判》，载李惠斌、李义天编：《马克思与正义理论》，北京：中国人民大学出版社，2010年，第4页。

社会进行明确的批判，但以"掠夺"、"抢劫"等充满感情色彩的字眼对资本主义社会进行了隐晦的批判。马克思在多部著作中，都对资本主义社会中存在的资本家不劳而获、无产阶级劳而不得的不正义现象进行了揭露，解开了资本主义自由、平等的虚假幻象，"因此，说资本家在掠夺工人的同时又能公正地对待工人是完全不可理喻的。"[1] 其二，马克思的"正义"概念不仅与生产方式相关，而且具有阶级立场和阶级利益的规定性。依据胡萨米的观点，资本主义社会的正义概念是由资本家和无产阶级的阶级结构决定的，因此资本主义正义代表的是资本家的立场和利益，而伍德所持有的便是荒诞的、单一的资产阶级正义概念。因此，应当形成一种与资产阶级标准不同的无产阶级正义观。其三，共产主义社会是一个正义的社会。胡萨米主要依据马克思晚年的经典文本《哥达纲领批判》指出，按需分配尊重共同体成员的个性、旨在实现人的自由全面发展，正是共产主义社会的正义原则。

面对胡萨米的批判，伍德迅速地做出回应，通过区分"道德的善"和"非道德的善"[2]进一步重申了他的观点。伍德认为，马克思对资本主义的批判是基于自由、共同体和自我实现等价值，这些价值不具有道德性，是"非道德的善"，权利和交易正义都具有道德性，是"道德的善"，并且二者具有不同的社会批判功能。马克思

---

[1] Ziyad Husami, "Marx on Distributive Justice", *Philosophy and Public Affairs*, 8(1), 1978, p. 424.
[2] 参见〔美〕艾伦·伍德：《马克思对正义的批判》，载李惠斌、李义天编：《马克思与正义理论》，北京：中国人民大学出版社，2010年，第94—95页。

基于"非道德的善"从整体性视角批判资本主义制度，而并没有基于"道德的善"从分配层面批判资本主义的法权正义。至此，伍德和胡萨米展开了一场题为"马克思是否具有正义思想"的总问题之争。可以说，这场"伍德—胡萨米之争"体现的是马克思思想的事实维度和价值维度。此时，布坎南认为，从概念的视角去审视马克思与正义的关系已经几乎完成。

第二阶段，从20世纪80年代初期持续至今，聚焦于重建唯物史观的正义理论。想要重建唯物史观正义论，首先需要完成两个基本任务。第一个任务是阐明和明晰隐含在马克思文本中的正义观。第二个任务是回应一些马克思主义者或者非马克思主义者都提到的质疑，即唯物史观与正义理论是不相容的。这两个理论任务的核心议题就是唯物史观与正义理论是否兼容的问题。这一理论任务将探讨马克思与正义的关系从概念层面推进到理论前提的批判澄清层面，即西方马克思主义者试图在与自由主义正义论的对话中，重新回归到唯物史观的视域中重构马克思正义理论。所以，深层推进马克思正义理论研究，必须回答唯物史观与正义理论的关系。对于这一问题的阐释和研究，学者们主要有三种路径：

（1）"从认知性路径出发阐释唯物史观对正义的批判"。这一路径的主要代表人物有理查德·米勒、卡尔·洛维特等人。这一研究路径是对塔克和伍德观点的进一步深化。这一派的主要观点认为唯物史观的历史必然性必然排斥正义概念。比如，米勒认为，唯物史观对资本主义制度的批判是基于历史规律而不是道义批判，也就是说唯物史观"反对将正义概念作为一种工具来对基本制度进行合理的且博识的道德批判"①。一言以蔽之，基于正义原则批判资本主义制度以及论证新制度的合法性不仅是无力的，也是与唯物史观的基本精神相违背的，甚至可以说是多此一举的。因为剩余价值学说已经说明了资本主义制度的非正义性。②

（2）"从规范性角度拯救唯物史观正义论"。这一路径的主要代表有尼尔森、佩弗和杰拉斯等。这一派的观点认为资本主义制度所宣扬的正义是披着美好未来的外衣，为人们勾勒一幅幅正义图景。但事实上，资本主义制度以虚假的意识形态幻象蒙蔽了人们的思想，模糊了人们的意识，遮蔽了存在于资本家和无产阶级之间的不正义现象。我们没有十足的证据证明道德本身就是意识形态，也无法说明马克思对意识形态的批判就是对道德的批判。因此，从马克思主义那里找到批判资本主义不正义的事实，"在不提出关于品德的完整理论或个体行为伦理学的情况下提出社会正义理论是可能的"③。因此，"当马克思评判资本主义是不公正的时候——正如他所说——他并没有诉求于公正的绝对标准，因为，马克思并没有把资本主义看作绝对的不公正或绝对的不道德。……马克思的方法

---

① 〔美〕R.W.米勒：《分析马克思——道德、权力和历史》，张伟译，北京：高等教育出版社，2009年，第75页。
② 〔德〕卡尔·洛维特：《世界历史与救赎历史：历史哲学的神学前提》，李秋零等译，北京：生活·读书·新知三联书店，2002年，第51页。
③ 〔美〕R.G.佩弗：《马克思主义、道德与社会正义》，吕梁山等译，北京：高等教育出版社，2010年，第15页。

是一种历史的方法"①。

（3）"从规范性和事实性的双重视角重建唯物史观正义论"。这一路径的主要代表人物有罗尔斯、柯亨和布伦克特等。罗尔斯的正义理论对布坎南产生了较为深远的影响，布坎南认为马克思对资本主义制度存在着一个内在批判的角度，而这种内在批判的角度体现在资本主义生产制度方面。②柯亨虽然在其思想发展历程的不同时期聚焦于不同的研究主题，但是唯物史观和正义之间的关系始终构成其研究的一条核心线索，从而进一步巩固和完善了社会主义的价值维度，为社会主义制度的优越性做了有力辩护。与柯亨较多地信奉唯物史观不同，布坎南更多的是站在自由主义的立场，在批判性吸收伍德唯物史观的基础上，试图开显唯物史观的正义维度。布伦克特重释唯物史观中的一些要素（如生产力等），试图挖掘隐含于其中的主体性因素，"生产力的要素不仅仅包括工具、机器、劳动力……同时包括了革命的阶级、共同体……"③，并以此出发分析了唯物史观和正义之间的关系，并且从事实与价值关系的视角对此进行了全面论证，以此摆脱对唯物史观正义论的传统解读模式。

在对唯物史观正义观重建的各种理论中，存在着这样一种倾向：为了阐释各自标榜的唯物史观正义观，都从不同维度和不同方

---

① 〔英〕肖恩·塞耶斯：《马克思主义与人性》，冯颜利译，北京：东方出版社，2008年，第158—159页。
② 参见〔美〕艾伦·布坎南：《马克思与正义》，林进平译，北京：人民出版社，2013年，第76页。
③ George G. Brenkert, *Marx's Ethics of Freedom*, London: Routledge, 2010, p.31.

面放弃或者背离了马克思经典作家的表述,甚至违背了一个基本的方法论依据——唯物史观。假如这样的价值诉求是在漠视马克思主义经典著作和唯物史观的基础上推演而来的,那么,我们就不免质疑:是否存在一种能够脱离马克思主义经典文本,或者是能够背离唯物史观的马克思正义观。也许我们可以脱离马克思经典文本以及唯物史观方法论的限制,按照现实的需要来建构一种马克思正义观。诚如卢卡奇所说:"正统马克思主义并不意味着无批判地接受马克思研究的结果。它不是对这个或那个论点的'信仰',也不是对某本'圣'书的注解。恰恰相反,马克思主义问题中的正统仅仅是指方法。它是这样一种科学的信念,即辩证的马克思主义是正确的研究方法,这种方法只能按其创始人签订的方向发展、扩大和深化。"① 唯物史观与剩余价值理论作为马克思一生中最具划时代意义上的伟大发现,剩余价值理论可以看作唯物史观在经济领域中运用的结果。因此,唯物史观比剩余价值理论更为根本,它作为一种方法论体现着马克思主义的理论品质。不可否认,有些学者从规范性的角度上坚持唯物史观。比如,柯亨就把平等视为唯物史观的价值诉求,认为马克思正义观就是一种平等主义的正义观。但是,如果这样的正义诉求是在漠视马克思经典文本和唯物史观方法论的基础上推演而来的,我们又不免质疑:难道马克思主义的价值诉求并不与唯物史观相容吗?显然,当代分析马克思主义者在求索唯物史观

---

① 〔匈〕卢卡奇:《历史与阶级意识》,杜章智等译,北京:商务印书馆,1999年,第158—159页。

正义论的同时，也挑战了唯物史观的基本特质和理论品质。因此，唯有重新回到唯物史观的视域中，才能切近由马克思的文本所呈现出来的制度正义思想。

（二）国内研究现状

与国外学界介入正义问题的讨论相比，国内学界对正义问题的关注起步较晚。可以这么说，20世纪90年代之前，国内学术界很少对马克思主义思想的价值维度进行研究，研究成果更是寥寥无几。因为在人们的传统印象中，作为马克思主义哲学主干的唯物史观并不包含一个实质上的规范性维度，但这并不意味着正义话语在马克思主义理论界的绝对失语。[①] 进入21世纪后，中国学者纷纷开始介入马克思正义思想研究，其中2006年由南开大学举办的以"马克思主义政治哲学：阐释与创新"为主题的第六届马克思哲学论坛，将国内马克思正义理论的研究推向高潮。此后，学术界开始围绕"马克思的正义理论何以可能"、"马克思正义理论与自由主义正义理论的关系"以及"马克思与当代中国政治哲学的建构"等一系列问题和论题，从不同的学术进路对马克思正义论进行了探讨。对于当今国内正在进行的马克思正义思想的讨论热潮，我们不能否定受到《正义论》的出版以及西方马克思研究者对马克思正义思想研究的双重影响，但是这也不意味着国内学界对马克思正义思想的

---

① 比如1990年，台湾学者洪镰德在《现代哲学》上发表了《马克思正义观和伦理思想的新近诠释——兼评〈马克思、正义和历史〉》一文；1992年，袁贵仁在《求索》杂志上发表了《论马克思主义的公正观》一文。

讨论是单纯的理论偏好以及对西方学界的盲目跟从。事实上，它在更深层的意义上是对当代中国市场经济体制运行中产生的贫富分化问题的积极回应和有益探索。

纵观我国学术界对唯物史观正义论的研究，其研究内容和研究方向也不是一成不变的，从研究主题的视角来看，整体上可以分为两个阶段①：

第一阶段，从20世纪90年代初期至21世纪10年代初期，翻译和引介西方学界关于马克思正义论的学术思想和阐发马克思正义思想的形成过程、生成逻辑、科学内涵齐头并进的理论态势。1993年，余文烈研究员出版了《分析学派的马克思主义》一书，用四分之一的篇幅全面和系统地梳理和评析了20世纪80年代以来这一方面的研究成果，内容全面、内涵深刻，是国内马克思主义正义思想研究具有前瞻性的高水平理论著作。②2005年，段忠桥教授策划主编"当代英美马克思主义研究译丛"，其中有关马克思正义思想的著作包括R.W.米勒的《分析马克思——道德、权力和历史》、斯蒂文·卢克斯的《马克思主义与道德》等。这套译丛精准地把握了当代英美马克思主义讨论和研究马克思正义思想的最新成果。它的出版不仅是对英美马克思主义者正义思想研究成果的引介，更有助

---

① 对于国内马克思正义论研究阶段的划分，通常以20世纪90年代为界限，在此之前，正义问题在马克思研究中基本处于失语状态，之后国内学者开始介入对马克思正义论的讨论。本文以国内学者介入马克思正义论的讨论为起点，以21世纪10年代初为中界，将国内马克思主义正义论的研究分为两个阶段，以便更清晰地呈现国内马克思正义论研究的内在趋向。

② 参见余文烈：《分析学派的马克思主义》，重庆：重庆出版社，1993年。

于国内学界客观评价和分析英美马克思主义者对马克思正义思想的把握，廓清西方学术界讨论正义思想的话语体系，建立面向中国语境的马克思主义正义思想。2010年，李惠斌教授、李义天教授将西方马克思主义者的论文集结成册，主编了《马克思与正义理论》一书。这本书以问题的形式梳理了分析马克思主义学派研究马克思正义思想的演变历程，无疑为国内研究马克思正义思想提供了更为清晰的学术脉络和更为广阔的学术视野。① 但是，对西方学界研究马克思正义思想的理论成果的翻译和引介，并不意味着完全赞同和照搬他们的学术观点和主张，而是为我们提供一种思考马克思正义思想的可能方式和更为广阔的学术视野。

与国外学者更多地卷入"马克思与正义关系之争"，而较少的澄清和分析之所以造成这一争论的原因不同，林进平研究员在《马克思的"正义"解读》中用了大量篇幅澄清了正义概念以及马克思视野中的正义概念。② 这为我们明晰英语世界相关学者争论的自相矛盾之处，定义马克思的正义概念提供了明晰的把握方式。王广研究员在《正义之后——马克思恩格斯正义观研究》一书中细致地梳理了马克思正义思想的形成脉络，为我们从思想史的角度看待马克思正义思想提供了清晰的脉络。③ 周凡教授在2011年发表的《历史漩涡中的正义能指——关于"塔克—伍德命题"的若干断想》

---

① 参见李惠斌、李义天编：《马克思与正义理论》，北京：中国人民大学出版社，2010年。
② 参见林进平：《马克思的"正义"解读》，北京：社会科学文献出版社，2009年。
③ 参见王广：《正义之后——马克思恩格斯正义观研究》，南京：江苏人民出版社，2010年。

一文，介绍了伍德不同于塔克的关于"马克思拒斥正义"的论证方式，并且立场坚定地指出，正义在马克思的理论体系中，是一个被极力避免的概念范畴。①林进平研究员和周凡教授都在将正义界定为历史性概念的前提下，认为正义是一定社会历史条件的产物。共产主义社会终将因物质资料的大量涌现，而使正义无立足之地。也就是说，他们都将正义定义为一种法权概念，事实上，这在一定程度上误解了马克思语境中的正义概念。王新生教授在2010年发表了《马克思是怎样讨论正义问题的？》一文，试图重构一种与自由主义异质性的马克思正义论。②同年，李惠斌发表了《一种马克思主义的分配正义理论是否可能》一文。他们不仅赞成马克思有一种正义观，而且试图构建一种具有现实关怀的马克思的正义观，开启了国内马克思主义理论者致力于建构一种植根于中国大地的马克思正义理论之先河。③

第二个阶段，从21世纪10年代初期至今，集中研究如何建构一种切中时代课题和现实关怀的马克思正义理论。如何重构一种面向中国大地的马克思正义理论，是国内马克思正义论研究中的核心问题和基准问题。国内学者在翻译、引介和了解西方学界正义思想的研究成果之后，主要聚焦于中国现代化发展中的现实问题，以期

---

① 参见周凡：《历史漩涡中的正义能指——关于"塔克—伍德命题"的若干断想》，《马克思主义与现实》2010年第3期，第37—50页。
② 参见王新生：《马克思是怎样讨论正义问题的？》，《中国人民大学学报》2010年第5期，第62—70页。
③ 参见李惠斌：《一种马克思主义的分配正义理论是否可能》，《中共中央党校学报》2010年第6期，第37—41页。

构建一种既符合马克思主义精神,又具有现实可行性的马克思正义理论。随后,学界立足于中国问题和中国语境对马克思正义论进行了重新演绎和阐释,并围绕这一论题发表了一系列论文,形成了一系列相关学术专著。① 这一研究主题的转变不仅表明国内马克思正义论研究"已经基本完成了从青涩稚嫩的学徒状态走向成熟的质性蜕变"②,而且表明理论与现实之间开始建立了深层关联。无疑,这本身也是马克思哲学"改变世界"的实践精神的理论表达和内在要求。国内学术界对于马克思主义正义论的重构或重释,主要有以下三条路径:

第一条路径,从规范性角度建构唯物史观正义论,指出唯物史观视野中的正义概念是一个道德而不是法权概念。马克思、恩格斯并没有给我们留下一个现成的概念清晰、完整系统的正义理论,因此段忠桥教授致力于"对马克思恩格斯的相关文本进行逻辑和语言分析",来界定和明晰马克思的正义概念,并取得了卓然的成绩,甚至能够与分析马克思主义者就正义问题进行直接的对话。比如,

---

① 主要代表论文有姚大志的《分配正义:从弱势群体的观点看》,《哲学研究》2011年第3期;段忠桥的《当前中国的贫富差距为什么是不正义的?——基于马克思〈哥达纲领批判〉的相关论述》,《中国人民大学学报》2013年第1期;王新生的《当今中国社会转型期的公平正义问题》,《中国人民大学学报》2015年第5期;李佃来的《马克思政治哲学与当代中国政治哲学建构》,《山东社会科学》2017年第12期。主要代表作有李佃来的《政治哲学视域中的马克思》(中央编译出版社,2018年);段忠桥的《马克思的分配正义观念》(中国人民大学出版社,2018年);段忠桥、李佃来主编的《马克思与正义》(中国社会科学出版社,2019年)等。

② 李佃来:《新中国成立70年来政治哲学的发展》,《武汉大学学报》2019年第6期,第28页。

段忠桥教授与分析马克思主义者艾伦·伍德就著名的"马克思与正义问题"进行了辩论,展现了一场国内外马克思主义者在分析方法上的精彩对话。与伍德将正义看作一种法权概念不同,段忠桥教授认为"正义在马克思和恩格斯的著作中是一个道德概念"①。这场对话是段忠桥教授多年深耕于历史唯物主义和政治哲学研究的理论成果。

第二条路径,从实践性角度建构唯物史观正义论,带有对现实问题强烈关怀的问题意识,致力于反思并改变现实社会中的不正义现象。有些学者认为,正义不仅是一个思辨的理论问题,更是一个事关利益调节的实践问题,而且从根本上说是体现一定阶级利益的现实逻辑和理想逻辑的统一。马克思正是在确立实践概念、建构唯物史观的过程中,超越了西方传统的分配正义,"实现了生产正义与分配正义的有机统一"②,也改变了从概念到概念的思辨方式,使正义理论完成了理论逻辑和现实逻辑的统一。也就是说,唯物史观中的正义思想必须强调分配正义与生产正义的有机统一。尤其是在社会转型时期,更为强调发展生产力在实现社会正义中的关键性地位,大力发展生产力是唯物史观正义观的内在要求和理论品质。"只有以高度发达的生产力为基础……,才能为社会公正的实现提供必需的方式和途径"③。也有学者从三个方面阐释唯物史观正义论:

---

① 段忠桥:《马克思和恩格斯对正义概念的两种用法——兼评伍德的两个误解》,《中国社会科学》2020年第6期,第14页。
② 冯颜利:《基于生产方式批判的马克思正义思想》,《中国社会科学》2017年第9期,第14页。
③ 吴忠民:《社会公正论》,济南:山东人民出版社,2012年,第9页。

一是强调生产关系之于正义问题的基础性作用；二是强调正义问题的历史性；三是强调认识不同社会发展阶段中正义问题具有独特性。① 在此基础上，他们进而强调坚持唯物史观的实践性在解决现实社会中公平正义问题时的重要作用。

第三条路径，从历史主义方法出发兼容正义的实践性和规范性进路，探寻解决当今社会公平正义问题的现实路径。林进平教授强调从"人民群众的利益"出发重构唯物史观正义论，同时认为应当强调社会因素在社会正义问题研究中的重要作用。② 段忠桥教授强调应当重新认识唯物史观正义论的历史语境，指出在唯物史观中"隐含着一种新的、不同于剥削是不正义的分配正义要求"③。李佃来教授基于市民社会的批判理论，认为唯物史观正义论呈现为一个旨在实现人的自由全面发展的层层递进且循序渐进的立体结构。④ 因此，"社会历史规律与价值追求的统一是唯物史观的一个根本原则，任何以规律的名义否定价值追求或以价值追求为由否定规律的做法，都是从根本上违背唯物史观精神实质的。"⑤ 王新生教授以剥削

---

① 参见唐正东：《马克思公正观的历史唯物主义方法论基础》，《武汉大学学报》2013年第6期，第58页。
② 林进平：《论马克思主义正义观的三种阐释路径》，《哲学研究》2019年第8期，第48页。
③ 段忠桥：《马克思正义观的三个根本性问题》，《马克思主义与现实》2013年第5期，第6页。
④ 参见李佃来：《马克思正义思想的三重意蕴》，《中国社会科学》2014年第3期，第5页。
⑤ 李佃来：《全面把握马克思正义观需廓清的三个问题》，《山东社会科学》2023年第8期，第43页。

是否无涉价值出发,主张应当坚持马克思的历史主义方法,在事实与价值相统一的逻辑下理解马克思与正义之间的关系。①可见,在基于客观历史规律的基础上秉持规范性维度,使唯物史观正义论更具科学性,彰显了其应有的实践品格。

  整体而言,国内唯物史观正义论研究在实践层面开显了规范性研究与事实性研究的双重进路,使之呈现出不同于西方理论界的鲜明特点:唯物史观正义论研究的理论逻辑与我国改革开放这一实践逻辑同步,真正做到了理论与实践的统一。唯物史观正义论研究必然从追问正义在唯物史观语境中的合法性开始,而正义的合法性地位只有通过界定唯物史观的性质才能予以解释和把握。唯物史观作为一门研究人类社会发展规律的历史科学,它与正义的关系必然涉及社会主义制度的正义性问题。所以从追问何谓正义到探索唯物史观与正义的关系,再到实践层面追问社会主义制度正义何为,本身包含一种内在的理论逻辑。这一理论逻辑同时对应着改革开放的实践逻辑。在改革开放的实践进程中,我们首先通过界定科学真理观来清算"将正义看作平均主义"的错误观念;其次通过在制度层面追问什么是社会主义,界定社会主义正义的科学内涵:以发展生产力为前提的共同富裕;最后,随着人的权利意识和主体意识的觉醒以及社会主义法治建设的不断推进和完善,最终将正义纳入社会主义核心价值观,使正义成为内化于心、外化于行的践行逻辑。

---

① 参见王新生:《马克思是否主张剥削是非正义的——对伍德重释马克思剥削理论的批判性考察》,《哲学动态》2023年第6期,第5页。

不可否认，国内学者通过对社会主义正义观的探讨，从内容上拓宽了唯物史观正义观的理论内涵、廓清了唯物史观正义论的生成逻辑、明晰了唯物史观正义观的价值旨趣。但是，在关于如何构建具有中国问题意识的唯物史观正义理论的讨论中，国内学者更多地停留在应然的维度探讨社会主义制度为什么要正义，社会主义制度正义应当是什么，而较少讨论社会主义制度正义应当如何实现。然而，需要指出的是，植根于中国语境中的马克思正义论不仅是对何谓正义的理论探索，更为根本的是对人们应当如何践行正义、使正义在现实中落地生根的道路指引。马克思对资本主义制度的非正义性批判，也并没有停留在道义批判的层面，而是通过批判资本主义生产资料私有制完成的。正是在这个层面而言，有学者指出："在正义问题上把制度论与规范论对立起来是有害的。"[①] 李佃来教授对"基于权利的正义"概念和"基于规则的正义"概念予以区分，以此为切入点阐释马克思的正义观的价值意蕴。[②] 目前，国内有以《历史唯物主义视阈下的制度正义》为题目的博士论文，但是这篇论文更多的是强调在历史唯物主义视阈下从制度视角审视正义的优先性地位，而没有具体说明制度与正义在何种程度上相互关联，更没有澄清历史唯物主义视阈下的制度正义概念。[③] 因此，本书试图在廓

[①] 汪行福：《马克思正义观的规范制度论重建》，《中国社会科学报》2013年8月2日。
[②] 参见李佃来：《现代政治哲学的两个正义概念与马克思的正义观》，《武汉大学学报（哲学社会科学版）》2023年第6期，第112—121页。
[③] 张威：《历史唯物主义视阈下的制度正义》，东南大学哲学与科学系伦理学研究所，2012年6月。

清自由主义话语的基础上,阐释马克思主义经典作家对于制度正义的追寻和探讨,不仅符合唯物史观正义论发展的内在理论逻辑,也契合社会主义建设的实践逻辑。这也是本书试图探讨的问题,即唯物史观视域中的制度正义问题。

三 研究思路与框架

正义自古以来就是人们追求的一种价值理想,不同时代的思想家基于各自的立场从不同的角度对正义问题进行了特定阐释和深入挖掘,形成了多种不同的正义范式,比如分配正义、矫正正义、政治正义、经济正义,等等。从根本上而言,各维度的正义理念的真正实现必须回到对制度正义本身的考察上来。制度正义是正义问题研究的一个重要的理论生长点,也是国家和社会发展中一个重大的迫切需要研究的现实问题。唯物史观是制度正义的深刻的理论基础,本文从这一理论视野出发,不仅对制度正义概念、制度正义的基础和来源进行了分析,还具体阐释了不同社会形态下的制度正义,即资本逻辑主导下的资本主义制度正义以及以人为根本的社会主义制度正义。

首先,在明晰制度、正义以及二者关系的基础上,阐释了制度正义的概念。第一,制度与正义有着共同的社会关系本质。制度是稳定化和固定化的社会关系,调整和规范着人们的交往方式和交往行为;正义是人与人之间"相称"的社会关系,从根本上说,是一种交往价值。第二，制度的正义性与正义的制度化的耦合。制度正义作为一个复合概念，内含着制度与正义之间的双向互动关系，正义是制度的灵魂，制度是正义实现的重要载体和根本保障。第三，制度正义是各维度正义有效性之根本。第四，制度正义是规范人的正义行为的硬性准则。它不仅包含人们在公共生活中应当如何正当行动的理由和根据，而且涉及通过引导、许可、奖励、限制和惩戒等方式使人的正义行为真正得以实现。

其次，立足唯物史观及其蕴含的价值思想，阐释制度正义的基础和来源。第一，生产方式作为人的各种社会关系形成和发展的根据，是制度正义产生及其理想性和现实性的坐标。生产方式的历史性和稳定性决定了制度正义的历史性和稳定性。第二，制度正义的主体性前提是现实的人而不是抽象的人。从抽象的人出发实际上是将人置于制度正义之外，只有从现实的人出发，制度正义才能在真正意义上调整人的社会关系、协调人的利益分配。第三，制度正义以人的实践活动为基础而不是一种理性的建构。实践活动的具体性、历史性和丰富性是制度正义合理性和正当性的基础和前提。只有从实践活动出发才能保证制度正义的现实品格。第四，制度正义的根本评价尺度是要看从谁的利益出发，以个人利益还是社会集体利益为原则。它内嵌着主体的需要和利益，体现了主体对正义社会的价值追求和价值理想。以人民群众的利益为根本出发点的制度正义是一个真正的正义社会所必需的。第五，制度正义在不同社会形态下有着差异化表现。这主要体现在所有制基础、价值原则和价值目标等方面。

再次，批判性地剖析资本逻辑主导下的资本主义制度正义。第一，从所有制层面看，资本主义制度正义是建立在私有制基础上的，具有前提的不正义性。第二，从权利层面看，资本主义制度正义的自由和平等具有形式上的正义性。第三，从分配层面看，资本主义制度正义因为暗含了劳资分离这一更为深刻的不平等因素，必然导致分配结果上的不平等。第四，从以剥削为特征的生产方式看，资本主义制度正义具有不彻底性。

最后，基于马克思的正义思想，分析以人为根本的社会主义制度正义。第一，"生产"在社会主义制度正义中具有基础性和决定性地位。生产方式决定分配方式，以生产领域而不是分配领域为基点，才是真正把握和建构社会主义制度正义的要义所在。第二，以公有制为基础的社会主义制度正义是整体性意义上的"生产—分配正义"。按劳分配和按需分配制度作为人本层面的分配制度，指向人的自我完善和自我实现。第三，人的自由全面发展是社会主义制度正义的根本价值原则，与资本主义制度正义有着根本不同。第四，人的自由全面发展只有在自由人的联合体即共产主义社会中才能实现，这是社会主义制度正义实现的旗帜和理想社会形态。

第一章　制度正义概念

　　制度正义问题的阐释必须建立在对制度正义概念清晰、明确、合理辨析的基础上。如果想要明晰制度正义概念，需要界定唯物史观视域的"制度"和"正义"概念，揭示二者共同的社会关系本质。制度是稳定化和固定化的社会关系，调整和规范着人们的交往方式和交往行为；正义是人与人之间"相称"的社会关系，从根本上说，是一种交往价值。制度正义作为一个复合概念，内含着制度的正义性与正义的制度化的耦合。正义是制度的灵魂，制度是正义实现的重要载体和根本保障。制度正义是各维度正义有效性之根本。制度正义是规范人的正义行为的硬性准则。它不仅包含人们在公共生活中应当如何正当行动的理由和根据，而且涉及通过引导、许可、奖励、限制和惩戒等方式使人的正义行为真正得以实现。

第一节 制度与正义共同的社会关系本质

制度正义是制度和正义两个不同概念组成的复合概念,其成立的前提是制度和正义具有内在相通性。制度的产生不仅是人类文明进步的巨大成果,也在人类文明进程中发挥着重大的社会价值。在我国传统文化中,就有"凡将立国,制度不可不察也……制度时,则国俗可化而民从制"①的记载。如此,要了解制度正义问题,首先应当了解何谓制度。关于制度的定义,人们在不同学科、不同维度上使用制度这一概念时其具体含义有所不同,以至于学术界对制度的定义众说纷纭,歧义横生。或有学者从心理学角度将其定义为一种生活模式和精神气质;或有学者从微观层面出发将其定义为一种行为模式;或有些学者将其定义为人类的活动;或有些学者将其定义为共同心理状态或者文化惯例;等等。以上几种观点代表了学术界对制度概念的几种主流定义。因此,"在大多数情况下,同样的词或同样的概念,当处境不同的人使用它时,就指很不相同的东西。"②

在一定意义上,想要明晰一个概念的内涵,只有在其形成过程中追根溯源,才能辨析和说明它的本真含义。也就是说,通过考察一个事物的生发过程,可以使这个事情的本质得以明晰。对于制

---

① 参见高亨注译:《商君书注译》,北京:中华书局,1974年,第84页。
② 参见〔德〕卡尔·曼海姆:《意识形态与乌托邦》,黎鸣等译,北京:商务印书馆,2000年,第278页。

度的发生学说明，学术界有两种不同的致思路径：一种是以诺斯为代表的"建构理性主义"思路，强调理性在制度建构和演进中的作用，认为制度是人为设计的产物，制度被简单还原为个体能动性；一种是以哈耶克为代表的"演进理性主义"思路，强调制度的自发生成路径，认为制度有其自发生成和演进的历史规律，将制度还原为外在的强制结构。这两种路径争论的核心反映在思维方式上就是制度是否需要一种"实体"的表现形式。换言之，制度不依载于实体是否可以发挥某种规范性功能？依据黑格尔的阐释，任何社会关系的规范性要求以及协调社会善品分配的价值规范，都必须基于伦理实体的某种要求，只有基于伦理实体才能对社会善品、权利—义务关系做出合理性说明。其实，规范性要求并不是制度最为基础的规定。制度还应当具有更为根本的规定。如若对制度概念做出更为根基性的理解，就需要超越对制度的功能性规定，在黑格尔所说的人类社会这一"伦理实体"的本体论维度对制度的含义进行发生学意义上的追问，从而得以完成从实体思维方式向关系思维方式的转变，彰显制度的"社会关系"本质。

制度产生于人的有目的有意识的能动性实践活动，确切地说，产生于人与人之间的交往活动。"制度只不过是个人之间迄今所存在的交往的产物"①。人不仅在实践活动中确证自身存在，而且创造和丰富着人的交往关系，人们将各种各样的交往关系规制和秩序化，就形成了制度。随着生产力的发展，人的实践能力不断增强，

---

① 《马克思恩格斯全集》第3卷，北京：人民出版社，1960年，第79页。

交往形式日益多样，交往范围不断扩大，随之，制度的内涵也愈加丰富，表现形式也日益多样。也就是说，不同于建构理性主义将制度看作是人类理性建构的产物，也不同于演进理性主义将制度看作是与人无关的自发演进的独立客体。根据唯物史观，制度的产生有其独特的现实根基：物质生产实践是人类最根本的实践活动，在物质生产中，"社会关系的含义是指许多个人的合作"①。由于自然和社会资源的相对稀缺，以及人性的有限自私，人在交往活动和社会合作中必然会产生利益的争夺，如果不对其加以规范和约束，人们的交往活动便会无章可循，社会关系和社会生活必然会陷入某种混乱和无序，使人置于一种危险的生存境地。为了避免人们在生产活动和社会交往的冲突中相互伤害，必须把交往活动中的利益冲突限制在合理范围内。在人们交往活动中增强的合作承担了这一功能。人类之所以是"会思想的苇草"，是"我思故我在"的理性动物，就在于能够通过合理的制度安排和调控，把利益冲突的不利因素转换为其有利因素，在其中发现合作和共赢的可能。事实上，人与人之间的一切合作活动，都是建立在利益的冲突和博弈基础之上的。这也正是制度产生的悖论式之谜，即产生于人类交往活动的利益冲突和共赢中。就此意义而言，制度是调节人与人之间利益冲突，调节社会关系，维持高效而稳定的社会秩序，以及规范人的正义之行的社会规范。它使得人能够以一种有序的方式进行交往，并以合作共赢的良序关系代替混乱无序的对抗关系，从而使人摆脱原子式的

---

① 《马克思恩格斯全集》第3卷，北京：人民出版社，1960年，第33页。

生存状态。

就其本质来说,制度是人们在一定历史条件下的交往活动中结成的各种社会关系的抽象化、规则化,是稳定、固化和权威的社会运行规则,包括激励和限制人们的行为,落实和维护人们的权责分配,规范人与人之间的交往关系,要求社会成员共同遵循的活动规范和行为准则系统。在前现代社会,人的社会关系主要表现为单一的地缘或亲缘关系,从而维护和规范社会关系的制度也具有单一性。在现代社会,随着生产力的发展,人的交往方式和活动方式日益多样化和复杂化,人的社会关系也具有层次性和多维性,既包括宏观共同体中的经济关系、政治关系、文化关系,也包括微观集团组织中的社会交往关系,比如公司关系、集体和社团关系等。因此,用以维护和规范社会关系的制度也具有层次性和多维性。从宏观上讲,不同的社会共同体拥有不同的社会关系,尤其是具有不同的经济关系、政治关系、文化关系,等等,这些社会关系所内蕴的规范性内容的实体表现就是"制度"。因此社会制度并不是抽象的概念,在不同的社会发展阶段具有不同的表现形式,形成了具体的制度形式。从微观上讲,也有适合于团体组织、公司集团的各种条款、规章和法规等规则制度。然而,唯物史观所关注的制度主要是从社会形态的角度而言的,并且经常使用"社会制度"、"经济制度"、"政治制度"等类似概念。列宁将制度定义为社会形态,"把各国制度概括为社会形态……只有这种概括才使人有可能从记载(和从理解的观点来评价)社会现象进而以严格的科学态度去分析社会现象"①。当然，不管是政治、法律和经济制度等宏观制度，还是条款、规章等微观制度，都不同于习惯、道德、风俗等非正式制度，是明文制度或实体化的正式制度。

在唯物史观理论中，制度作为一个体系，是由社会基本制度、具体制度共同构成的有机整体。因此，当我们讨论制度时，必须首先澄清的是应当以何种视角把握社会基本制度与具体制度的关系。如果我们不以整体的视角看待制度，将各领域制度视为孤立的存在，就会面临很多无法解释的现实困境，比如某些特殊的制度安排，事实上是为了满足道德价值的要求，但是因为没有更高阶的价值理由，那么这些特殊的制度则会堕入形而上学深渊：特殊制度独立存在是合理的，但把它置于一个整体性的制度体系中，可能是不合理的。因此，我们这里讨论的制度，首先是立足于整体意义上的考察，并在整体中把握每一个具体的、特殊的制度体系。

由上可知，如果仅仅把制度看作是一种规范实体，或者由实体所规定的准则和条例，并没有触碰到制度的本真面貌。从哲学的层面看，制度是一种由规则所规定和体现出来的人与人之间的关系，是规范的、稳定的和固化的社会关系。② 虽然规范有序的社会关系离不开制度，或者说社会关系是分析制度的重要维度。但是社会关系本身并不就是制度。我们可以说制度表现为社会关系的边界，是用来调节社会关系的规范或规则。这是因为人类在交往活动中形成

---

① 《列宁选集》第 1 卷，北京：人民出版社，2012 年，第 8 页。
② 吴向东：《历史唯物主义视域中的制度与价值观》，《河北学刊》2005 年第 3 期。

的社会关系,不仅具有形式性,而且更具有关涉主体意志的实质性。而制度作为规范社会关系的价值规范,规定着社会关系的形式方面,而无涉社会关系的实质内容。因此,如果将社会关系等同于制度,这无异于取消了制度这一问题本身。

制度作为社会关系之应然层面的规范体系,存在着一个合法性问题,这是任何制度得以存续的根本性前提。只有当一个制度具有为公众所接受的正当性时,才具有合法性,以此产生并由此维护的社会秩序才能得以维系。"合法性的意思是说,同一种政治制度联系在一起的、被承认是正确的和合理的要求,对自身要有很好的论证。"① 制度的合法性关涉政治共同体中的成员对政治制度的认同和遵守。在某种程度上,可以将制度的合法性理解为人们的一种政治信念。在李普塞特的理解中,合法性被定义为社会制度"正确和正当的程度"②。可见,制度的合法性追问的不是是否合乎制度,而是是否合乎制度的根本性前提,合乎正义或正当。确切地说,人们对制度的认同和遵守取决于制度本身的正义性,也就是制度设计、建构、运行所依据的正义规范是否合理。也正是在这个意义上,罗尔斯简明扼要地提出制度的合理性或合法性标尺,即"正义是社会制度的首要价值"③。

---

① 〔美〕丹尼尔·贝尔:《资本主义文化矛盾》,赵一凡、蒲隆、任晓晋译,北京:生活·读书·新知三联书店,1989年,第67页。
② 〔美〕马丁·李普塞特:《政治人——政治的社会基础》,张绍宗译,上海:上海人民出版社,1997年,第25页。
③ 〔美〕约翰·罗尔斯:《正义论》,何怀宏等译,北京:中国社会科学出版社,1988年,第1页。

不管是在思想史上，还是在现实生活中，正义都寄托了人们对于美好生活的渴望，是人类社会孜孜以求的价值目标。然而，对于何谓正义，不同历史阶段、不同利益集团、不同学术派别的回答各不相同。

古希腊政治哲学将正义诠释为德性价值。不管是柏拉图，还是亚里士多德都将德性视为最高的概念，一个城邦、一种行为、一个理念是否正义，最终都要诉诸德性加以说明，而不是其他的东西。在近代契约论传统中，德性不再具有至高无上的位置。随着国家与市民社会的分离以及自由、平等、权利等价值原则的彰显，个人利益与群体逐渐产生分离并成为市民社会的根本逻辑，由此使霍布斯所说的原始状态中的"人与人之间狼的状态"成为市民社会中的一个最初境况。近代契约论传统中的正义价值，就是在审视市民社会中人的生存状态的基础上建构的。诚如休谟所言，如果市民社会中的人都陷于个人利益的追逐而没有任何规避手段，那么就会使人陷入种种横冲直撞的暴行；而如果没有正义，社会就会陷入无序和混乱的状态，每一个人就必然会成为原子式的孤立个人。此时，休谟所主张的正义概念仍然是一个德性价值。在《人性论》中，休谟将对正义的讨论放在"道德学"部分，将道德视为一个更加根本的问题。"道德比其他一切是更使我们关心的一个论题：我们认为，关于道德的每一个判断都与社会的安宁利害相关。"[1] 休谟将正义视为道德判断的阐释思路，得到了罗尔斯的肯定。在《正义论》中，罗

---

[1] 〔英〕休谟：《人性论》下册，关文运译，北京：商务印书馆，1980年，第534页。

尔斯强调正义理论至少在初始阶段是一种有关道德情感的学说，"或更具体地说，指导我们的正义感的原则。……所以，我希望强调研究实质性道德观念的中心地位"①。通过罗尔斯的这种表述可以看出，虽然《正义论》中制定了具有清晰指向的分配原则，但正义原则的最初形态仍然是道德原则。罗尔斯在《政治自由主义》中明确地提出"政治正义"，用以规避社会意识形态的分歧而做出的一种程序调整，其内核并没有超越休谟所言的道德意蕴。

从正义形式的探索和演变历史中，可以发现它实现了"由人治到法治"、"由身份到契约"的转变，推动着正义的内涵由"资本和权贵的正义"向"人民的正义"的转变。自阶级社会产生以来，正义就成为统治阶级和集团宣称统治合法性和维系社会统治的根本依据。但是不同的时代，不同的利益集团对正义的解读是不同的。在奴隶社会，尤其在古希腊时期，正义是站在富人和贵族一边的，对贵族和富人而言的正义对平民来说就是不正义，二者紧密相连。但"希腊人和罗马人的公平观认为奴隶制度是公平的"②。在封建社会，人被划分为三六九等，形成了等级分明、尊卑有序的社会等级，与这种社会等级相一致的封建正义观认为，"贵贱不相逾"的社会秩序是正义的。"资产者阶级的公平规则要求废除被宣布为不公平的封建制度。"③西方资产阶级革命打着正义的旗号推翻了封建

---

① 〔美〕约翰·罗尔斯：《正义论》，何怀宏等译，北京：中国社会科学出版社，2009年，第39—40页。
② 《马克思恩格斯全集》第18卷，北京：人民出版社，1964年，第310页。
③ 《马克思恩格斯全集》第18卷，北京：人民出版社，1964年，第310页。

制度，他们千方百计地鼓吹和标榜"正义"，所有这一切，都是为了实现自由和平等。但实际上，资本主义社会由于劳资分离的生产方式，以及资本逻辑在政治生活和经济生活中的主宰作用，它所实现的"人民的正义"是以生产资料私有制为基础的政治领域的法权正义，并没有完全摆脱"资本和权贵的正义"的压制，具有历史局限性。只有到了以生产资料公有制为基础的社会主义社会，才能消灭人压迫人、制度压迫人的现象，建立一个真正正义的社会，并形成一个科学的正义观，把"人民的利益"放在首位。诚如恩格斯所说："我们就应当认真地和公正地处理社会问题。"[1]

正义作为人的社会关系中的"相称"或"平衡"具有十分丰富的内容，主要包括以下几个维度：其一，经济领域中的分配正义。分配正义的核心是贡献和满足的相称。也就是说，分配的标准不是亲缘和地缘等偶然因素，而是人的劳动即贡献。根据人的贡献大小多劳多得、少劳少得、不劳不得。其二，政治领域中的政治正义。政治正义的核心是权利和义务的统一或相称，是权利和义务之间的对等。不存在没有义务的权利，也不存在无权利的义务。政治正义要求，每一个社会成员，都有一份社会权利，同时也就有一份社会义务，负有一定的责任和使命。也就是说，"这个任务是由于你的需要及其与现实世界的联系而产生的。"[2] "天下兴亡，匹夫有责"，表达的就是这种使命感。其三，法律领域的法律正义。法律正义的

---

[1]《马克思恩格斯全集》第2卷，北京：人民出版社，1957年，第625页。
[2]《马克思恩格斯全集》第3卷，北京：人民出版社，1960年，第329页。

内核是自由和责任之间的相称。自由意味着在从事某种活动时,活动者能够获得相应的权利和能力,能够自由地对此进行支配,但同时也要肩负相应的责任,承担活动的后果,自由和责任往往是相辅相成的,只有意识到自己的责任,才能够成为对自己的行为担负责任的人。

既然制度和正义都具有社会关系维度,因此二者不是决然分裂的。事实上,从制度角度来诠释正义的传统,从古希腊时期就已经开始了,尤其体现在柏拉图和亚里士多德的著作中。孔子提出"政者,正也",同样也把正义视为根本的为政之道。古希腊先哲们在德性层面将正义原则作为城邦民主制度的基础和根据,并展现为对城邦秩序的强调,尤其体现在柏拉图和亚里士多德的著述中。柏拉图作为第一个系统讲述正义理论的哲学家,在《理想国》中借苏格拉底之口说道:"我们在建立我们这个国家的时候,曾经规定下一条总的原则。我想这条原则或者这一类的基本原则就是正义。"[1] 柏拉图将正义视为诸多德性中的主要德性,与勇敢、节俭、智慧组成希腊四主德。勇敢、节俭、智慧三德对应城邦的各个组成部分,只有这三德在城邦实现时,城邦才是正义的。因此,制度正义构成了正义理论的主要内涵。在古希腊思想史上,亚里士多德明确地说:"正义以城邦利益为依归。"[2] 城邦作为社会发展的最高阶段是最完

---

[1] 〔古希腊〕柏拉图:《理想国》,郭斌和等译,北京:商务印书馆,1986年,第154页。
[2] 〔古希腊〕亚里士多德:《政治学》,吴寿彭译,北京:商务印书馆,1965年,第148页。

满的形式，正义以城邦利益为归宿，就在于城邦展现了人的政治本性。正义是城邦制度合理性的根据，城邦制度是正义得以实现的载体。然而，不管是柏拉图还是亚里士多德，其正义思想的核心就在于为等级制的城邦制度的合法性和正当性做辩护。柏拉图将正义定义为统治者、武士和劳动者各司其职、互不僭越的和谐秩序。也就是说，正义之所以成为城邦的原则，就在于强调社会成员对体现秩序的礼法的遵守上。

　　柏拉图和亚里士多德之后，西方文明发生了翻天覆地的变化，其政治制度也在古希腊民主自由的底色下几经更迭，但万变不离其宗，思想家和统治者们也都将正义作为论证政治制度合理性的重要依据。中世纪的奥古斯丁和阿奎那，分别是柏拉图和亚里士多德的拥簇者，继承了二者正义思想的衣钵。中世纪神学家在继承前人正义思想的基础上与基督教教义相结合，构建了一个以上帝为核心的神学正义观，用正义之名将教会从国家的统治中解放出来，使国家获得独立性，免受世俗权威的支配。奥古斯丁作为柏拉图思想的追随者，将上帝的理性作为最高的正义，是实现所有事物正当秩序的根据。在他看来，古希腊思想家虽然承认城邦的正义和和谐是实现个人正义和幸福的基础，在某种程度上说，城邦原则就是个人原则。但正义从来没有在城邦实现过，甚至说城邦生活在某种程度上是一种失序和堕落。他认为，人间失序和堕落的原因就在于人与神之间正当秩序的破坏。要将人从堕落中救赎出来，重建世俗生活的完美秩序，就在于重构人与神的正当秩序，认为正义体现为人信仰上帝。阿奎那则继承了亚里士多德的"实践"精髓，使正义回归

"尘世之城"有了切实可行的实践路径,是对如何实现上帝正义的解答。阿奎那认为上帝的正义在现实中表现为一种由社会惯例形成的习惯,它具有法律的效力,既可以形成、解释法律,也可以取消法律,它是"一个人根据一种永恒不变的意志使每个人获得应得的东西"①。人的意志和思想通过言行表达出来,言行作为一种习惯是社会正义的表达,这样正义也可以通过人的言行而实现或者改革。阿奎那将法分为永恒法和世俗法:永恒法是宇宙秩序的完美状态,是最高层次的正义;自然法是永恒法的部分内容和某些原则,人类理性只能通过把握自然法而参与永恒法。总而言之,人的法律可以说是神的法律的必然结果,法律的背后还有普遍权威,而不是个人的意志,它是以"公众利益为目的的合乎理性的法令",这样,"托马斯便把古老的信仰变成了'真正的法律'",②为近代以自然法为核心的契约论奠定了坚实的基础。

近代以来,随着政治解放以及由之而来的公域与私域的分离,瓦解了前资本主义社会中个体和类的统一,个体利益开始凌驾于群体利益之上。随之,德性至善的问题退隐于私域,制度正义的问题走上前台。近代政治哲学中对正义的概念进行了详细阐述,在众多哲学观点中构建了符合近代社会的制度正义理论。霍布斯通过社会契约论首次提出了君主制度的合法性问题,将制度正义推到了思想

---

① 〔意〕托马斯·阿奎那:《阿奎那政治著作选》,马清槐译,北京:商务印书馆,1982年,第3页。
② 〔美〕乔治·霍兰·萨拜因:《政治学说史》,盛葵阳等译,北京:商务印书馆,1986年,第303页。

史台前。然而,霍布斯并没有对这个问题做出回答。洛克试图借助于自然法论证国家制度的正义性。不同于霍布斯将自然状态设想为"人与人的战争状态",洛克认为和平和安全是自然状态的根本基调。自然法教导人们"不得侵犯他人的生命、自由和财产"①。人在自然状态中虽然自由、平等而独立地生活在一起,但是因为自然法强制并不能肆意侵犯,所以处于一种守望互助的亲善状态。由于缺少一个公共尺度(法律)及具有公共权威的仲裁机构和仲裁标准,人在自然状态中的自然权利因一部分人的非理性行为遭到破坏,从而迫使每个人不得不成为自己的裁判官,进而滋生出更多的纠纷和事端。因此,为了克服自然状态的缺陷,保障人们自由而平等地享有自然权利,人们便订立普遍适用的法律和具有公信力的政府机构,这就涉及国家制度的正义问题。不同于霍布斯将公民的一切权利转让出去建立专制政府的做法,洛克认为,一个正义的政府应当保障公民的生命权、自由权和财产权。为了防止政府权力对人的自然权利的吞噬,洛克主张分权制衡保证政府运作的正义性。卢梭作为社会契约论的集大成者,对霍布斯和洛克的学说既有继承又有批判。他既不赞同霍布斯将自然状态假设为"战争状态",也不认为自然状态中的人具有洛克假设的"财产权观念",而是进一步推进这一逻辑,认为人在自然状态中除了身高、体重、样貌的差异,在其他方面生而平等,由此出发去探求社会不平等的根源——私有制,换言之,他并不认为契约是正义的,而是非正义的,由此出

---

① 〔英〕洛克:《政府论》下篇,叶启芳等译,北京:商务印书馆,1964年,第6页。

发,他扛起了批判资本主义私有制的大旗。霍布斯、洛克和卢梭都将正义作为制度得以存在的合理性根据,他们关于正义与制度的关系讨论是留给当代政治哲学的宝贵财富。罗尔斯在创建其正义理论时,继承了社会契约论关于制度与正义关系的讨论,并使之上升到一个更抽象的水平,首次以命题化的形式提出"正义是社会制度的首要价值"[①]。

罗尔斯将正义的对象定义为社会基本结构及其制度安排,并以此出发试图建立一种超越资本主义制度与社会主义制度的正义理论。然而,因为"正义"和"社会制度"概念本身的歧义性,这一命题在得到很多赞誉的同时也招致很多批评。这里,我们回到罗尔斯的思想语境当中,对这一命题的具体内涵做一简单的说明。首先,与古典契约论以天赋人权为理论出发点,对正义原则的合理性不加追问便予以接受,进而致力于制度的建构不同,罗尔斯进一步追问正义原则成立的背景条件,并借此确立社会制度正义原则。因此,罗尔斯通过无知之幕和原初状态的理想程序设置保障了人选择正义原则的必然性;并且保证正义原则一旦被选出,社会制度必然要在它的指导下运转。其次,正义原则不是与个体德性相关的德性正义,它的主题是社会制度,如果正义理念想要成为现实,有必要建立一个正义的制度体系。最后,制度正义保障的是平等主义的正义原则。罗尔斯把社会制度分配的东西称作"社会基本善",他认

---

① 〔美〕罗尔斯:《正义论》,何怀宏等译,北京:中国社会科学出版社,1988年,第1页。

为，无论是自由和机会，还是收入和财富，都属于社会基本善的范畴，应该被平等分配。对此，罗尔斯通过前后相继的两个证明，论证了他的观点：第一，在社会制度中，存在着社会基本善的分配不平等，而导致这一不平等的原因是多方面的，有可能由自然因素造成，也可能是由社会偶然因素造成。因此，罗尔斯认为每个人在分配过程中都应该被平等对待，这是公平、正义的基本要求。第二，在现代社会中，社会基本善品分配的不平等受各种因素的影响，是不可避免和客观存在的，如果这种不平等可以有利于社会不利处境者，那么这种分配的不平等就是正义的。

马克思对资本主义制度大刀阔斧的批判贯穿其思想始终，因此，我们应当走进马克思文本的思想深处去挖掘马克思的正义思想。罗尔斯曾经这样谈论马克思的正义思想："把权利和正义的概念归结于司法性的概念是过于狭隘的。权利和正义的概念可以独立于强制性的国家制度及其法律体系而加以构思；事实上，当它们被用来评判社会的基本结构及基本的制度安排时，它们就是这样被构思的。"[①] 这无一不说明马克思所谈论的正义问题关涉制度而不关涉德性。马克思认为，资本家作为资本主义制度中的一环，是资本主义运行的有力执行者，无所谓善与不善，更无涉于正义。资本家的利润是建立在对工人无情剥削和掠夺的基础上，疯狂榨取剩余价值是资本家生产的根本目的，资本家试图付出最小的成本，以获取最

[①] 〔美〕约翰·罗尔斯：《政治哲学史讲义》，杨通进等译，北京：中国社会科学出版社，2011年，第356页。

大的利益。有些学者将马克思此方面的思想看作是为资本主义剥削进行正义辩护的论调。但实际上，马克思这些批判背后无不彰显着马克思言说正义的路径，即马克思反对用与个人相关的德性之善批判资本主义制度的不正义，这也说明，马克思所言说的正义关乎制度而非个人德性。马克思所倡导的正义，就是让无产者能够充分认识到自己的生存状态，意识到自己所面临的压迫和剥削，"应当公开耻辱，从而使耻辱更加耻辱"[①]。马克思批判剩余价值是对无产阶级的压榨和扭曲，但并不是诉诸批判资本家的不正义，而认为是资本主义制度本身有违正义。简言之，马克思终生致力于对资本主义制度不正义性的批判。

根据上述分析可以看出，在两千多年的西方政治哲学史上，制度正义实际上构成了不同时代哲学家的一个关注焦点。这在将柏拉图、亚里士多德、洛克、马克思、罗尔斯、柯亨等各个时代的轴心人物连接在一起的同时，也泛化出这样一个符合人们直觉的"重叠共识"：制度与正义之间存在依赖关系，或者这两者本来就是共生共在的关系。概言之，正义是制度的首要价值，制度是正义的主要载体。

---

① 《马克思恩格斯文集》第 1 卷，北京：人民出版社，2009 年，第 6—7 页。

第二节　制度的正义性与正义的制度化的耦合

制度正义作为一个复合概念，得以成立的先在规定性是：制度可以被进行正义性分析，这样，便引申出两个相关问题：一是，制度是否具有正义的价值维度；二是，如果制度具有内在的正义规定性，正义价值又如何存在于制度实体之中？在一定的社会文化体系中，制度与正义分别属于不同的文化层级，但是它们之间绝不是互不相关、相互孤立的，而是存在着一种互动互促的双向还原关系，即制度的正义性和正义理念的制度化。制度与正义之间之所以能双向互动，源于两者之间既有相通性，又有差异性。从相通性上而言，制度与正义都指向社会关系的应然层面，规定着社会关系的形式方面。从差异性而言，正义作为社会意识系统的有机组成部分，在人们的精神世界发挥作用，影响着人们的"思想—行为"。此时，正义作为一种价值理念，只有通过制度化才能扎根于社会现实，具有永恒的魅力。制度作为社会成员应当遵循的行为准则和价值规范，内涵着一个国家和民族的正义观念，其实施彰显着一个国家和民族的价值理念和信仰。因此，只有理解"制度"与"正义"的相互包含、相互促进的双向互动关系，才能更好地理解制度正义本身。

制度的正义性意味着制度的价值性，指的是制度作为一种利益分配方式，和社会成员权利—义务关系的安排本身就是一种价值关系，表达了特定的正义追求和价值原则。简言之，制度总是包含着一定的正义理念和正义目标,这表现在三个方面:第一,任何制度都具有相应的正义观基础,也就是制度建立、设计和运行时以正义理念和正义目标为引领。第二,正义理念评价和辩护着制度的合法性。第三,正义理念不仅评价和辩护着制度,还是制度变革的"先导"。

制度作为规范人与人之间社会关系的价值规范是一种应然指向,其内容依据不同的正义观基础而具有不同的表现形式。反过来说,就是不同的正义理念和价值原则构成了制度的内在精神气质和理论品格,并在不同的正义观基础上形成了形式多样和性质不同的制度。比如古希腊哲学家柏拉图推崇"哲学王"的城邦治理模式,认为正义的社会秩序就是统治者、武士和劳动者各司其职、互不僭越,基于这一正义理念,就要求建立一种适合哲学王本性的等级城邦制度。功利主义者所倡导的正义理念是能够实现最大多数人的最大幸福,那么基于这一理念和目标,就要建立与之匹配的制度——能够带来最大限度幸福的制度,当然,这种制度也具有扼杀和牺牲部分人的幸福的不正义性。自由至上主义者诺齐克将正义定义为权利,相应地就主张一种最小限度的国家。自由平等主义者罗尔斯将正义定义为平等,相应地就主张国家再分配制度。以上种种都揭示和表明了任何制度的设计和运行都不是与价值无涉的,而是以一定的正义理念和正义目标为依据,并且具有先在的正义依据和正义取向。制度建立和运行的正义观基础表面看是对制度正义性的追问,但事实上,在其深层含义上是追问和审视制度建立和运行所依据的正义观本身的合理性。进一步而言,同一制度形式在不同历史时期或者同一历史时期也具有不同的正义观基础，相应地，就在此基础上形成了不同的制度内容和制度性质。"如果说，功利主义没有认真对待我们的差异性，那么，公平正义就没有认真对待我们的共同性。"①

正义观念和正义理念不仅是制度存在的基础和依据，而且还评价和辩护着制度，也就是说，正义观为制度提供合法性辩护。"一个法律制度若不能满足正义的要求，那么从长远的角度来看，它就无力为政治实体提供秩序与和平"②。制度本身必须以正义观为基础，才能取得相应的合法性，并成为被普遍认可的具有权威性的社会规范，从而发挥其规范社会秩序和社会行为的功能。这意味着一个被普遍认可和遵守的社会制度，必须是以正义观为基础的。反之，如果制度没有正义的价值辩护和价值引导，也就无法得到人们的认可和遵守，从而无法得到有效的实施。正义是制度最为根本的价值原则，是制度得以存续的一个核心理念和必要理由。比如当代思想家庞德、博登海默等人，都强调正义作为法律制度之核心价值原则的重要性。诚如《正义论》中对正义之于制度的重要性描述，人们必须首先在正义原则上达成重叠共识，才能依据正义原则进行制度的建构、选择和安排，据此完美的社会制度体系得以建成。总之，正义理念为社会制度提供合法性辩护，

---

① 〔美〕桑德尔：《自由主义与正义的局限》，万俊人等译，南京：译林出版社，2001年，第209页。
② 〔美〕博登海默：《法理学法律哲学与法律方法》，邓正来译，北京：中国政法大学出版社，2004年，第330页。

使其能够被认可、遵守和执行。

正义理念不仅评价和辩护着制度，还是制度变革的"先导"。如博登海默说"社会正义观的改变和变化，常常是法律改变的先兆"[①]。正义理念之所以是制度变迁的先导，就在于正义观不仅具有逻辑在先性，而且具有相对独立性。这种相对独立性表现在它可以把握并反映现实世界的价值诉求和可能愿景。它对现实生活和社会发展的把握愈清晰和全面，它本身就愈能反映人们的真实需求，顺应社会发展的历史潮流，从而更具有说服力和预见性，并得到人们的认可，从而为人们的行动提供正确的价值引导。所以，正义理念在一定程度上不仅能反映现实世界，而且还能创造世界。这里的创造就在于它通过对现实生活的深刻洞见，完成自身的历史革新，从而引导制度的变革和创新。

正义理念引导制度的变革和创新，一方面表现为否定和摧毁旧制度得以建立的正义观基础。因此，新制度想要建立并取代旧制度，就必须首先摧毁旧制度得以建立的正义观基础，使人们对原有的正义理念和制度体系产生怀疑和动摇，才能使人们产生变革旧制度的动力，以及激发建立新制度的力量。另一方面，任何正义理念都代表着统治阶级的利益，具有保守性和稳定性。毫无疑问，旧的正义理念便成为制度变革中的阻力，每次社会革命前夕便出现新旧正义理念的交锋和论战。每次制度的变迁和更迭，也总是制度革命

---

① 〔美〕博登海默：《法理学法律哲学与法律方法》，邓正来译，北京：中国政法大学出版社，2004年，第283页。

和正义理念革命的统一。正义理念是制度变革的"先导",就在于它的现实性。正义理念产生于人类实践活动,并与人类的物质生产方式息息相关。它反映人类的现实生活,并最终指向现实存在。人们依据新的正义理念建构和设计新的制度,革新旧制度的落后因素,使新制度不断符合人类的生产方式和正义诉求。总之,新的正义理念通过改变人们的思维方式,促使人们产生创新和变革制度的力量,这种力量会外化为人的行为,内化为人们的认知和价值观念,形成一套新的价值规范,引导和重构人们的社会关系。

制度不仅内蕴着正义理念,具有价值性,还是一个规范社会关系的实体存在,具有工具性。制度的工具性是指制度作为一定社会或共同体的规范体系,最终是为了落实和实现一定的正义理念。正义在没有制度依托时,只是应然层面的价值理念,正义理念要现实化,就必须制度化,正义理念现实化的有效路径就是诉诸社会制度。当人们主动地追求和实现一种正义理念时,一条行之有效的路径就是找到正义理念的制度依托,推动正义理念制度化。"推行正义的善意,还必须通过旨在实现正义社会目标的实际措施和制度性手段加以实施。"[①] 正义理念如果不能落实到制度层面,就是形式的和空洞的。任何正义理念的确立和实现都需要通过制度设计才能实现,只有在具体的制度环境中,通过制度的保障,才能够让正义理念落实到社会实践中,才能让社会成员实实在在地感受到正义的存

[①] 〔美〕博登海默:《法理学法律哲学与法律方法》,邓正来译,北京:中国政法大学出版社,2004年,第278页。

在。如果正义理念通过制度渗透到社会生活的各个方面，那么正义理念才具有现实有效性。一言以蔽之，制度不仅是正义理念现实化的必要载体，同时也决定着正义理念的产生、性质和变革。

首先，制度作为促进正义理念由应然不断走向实然的规则体系，它的建立不仅具有正义观的基础，同时还为了实现正义目标。正义目标的实现，不能仅仅停留在抽象的价值理念层面，也不能仅仅停留在法律文本和制度规范之上，而是要通过制度体系的保障，落实到具体社会实践当中，成为社会成员的行动规范。"通过一整套惯例、作用、形式和规则等，政治制度对潜在的无序政治过程进行了规范。通过意义构建，政治制度创造出了一个解释框架，它有助于理解政治行为并提供其确定性。"[①] 在人类发展的历史进程中，制度一旦形成，对于生活在该制度中的人来说，具有外在性和强制性，它为社会提供了现成的价值体系，规范引导社会成员的行为，协调人与人之间的关系，打破人与人之间的资本和权力的屏障，实现人与人之间的"对称"关系。特别是人类步入现代文明社会以来，人们活动、交往的广度、深度和频度超过了人类历史的任何一个时期。制度作为社会关系规范体系的作用也就越来越重要。正因为如此，不同层次的制度以及渗透于不同社会系统和领域的制度，都应当体现和坚持正义的原则，从而实现制度对正义的有力保障。不同历史时期的制度所保障和实现的正义目标是不同的。任何社会

---

① 〔美〕詹姆斯·G.马奇、〔挪威〕约翰·P.奥尔森：《重新发现制度——政治的组织基础》，张伟译，北京：生活·读书·新知三联书店，2011年，第51页。

制度都是特定社会主导正义观的现实化，封建等级制度是封建主的等级式正义价值观的现实化；资产阶级三权分立制度是资产阶级自由、平等、民主的正义观的现实化。这就是说，一定社会的制度或制度安排都体现了某一阶级或阶层的主导正义价值观。从此意义上说，实体化的制度是正义观念的现实或"显现形式"。

其次，制度还决定着正义理念的产生、性质和变革。第一，社会基本制度分为经济制度和政治文化制度，前者属于经济基础，后者属于社会上层建筑。在唯物史观的视域内，正义理念属于社会上层建筑，是由经济制度，从根本上说是由经济所有制决定的。"人们自觉地或不自觉地，归根到底总是……从他们进行生产和交换的经济关系中，获得自己的伦理观念。"① 政治、法律制度不同于经济制度，是人们根据生产方式的要求并通过人们的思想而形成的。但是它一经形成，便具有相对稳定性和外在约束力，为生活在制度里的人提供相应的正义理念。第二，制度决定着正义理念的性质。有什么样的经济基础，就会相应的有什么样的思想上层建筑，就会产生什么样的正义理念。比如，在资本主义社会不会实行按劳分配的分配正义，在社会主义初级阶段也不会实行按需分配的分配正义。第三，制度还决定着正义理念的变革。只要社会制度发生了变革，正义理念的内涵和外延也会随之而调整，"随着每一次社会制度的巨大历史变革，人们的观点和观念也会发生变革"。② 毋庸置疑，这里的观念即正义理念。尽管正义理念作为意识层面的价值理

---

① 《马克思恩格斯选集》第3卷，北京：人民出版社，2012年，第470页。
② 《马克思恩格斯全集》第7卷，北京：人民出版社，1959年，第240页。

念具有历史继承性和相对独立性。但是，当旧制度灭亡并在历史的长河中灰飞烟灭，与其相应的正义理念虽然不一定立马烟消云散，但是它一定会随着旧制度的消亡慢慢在历史中消散。随着新制度的建立，新的正义理念便从意识的深处和少数人的呼吁，变为现实的存在和大多数人的价值理想。

纵观历史，不难发现，在社会关系尤其是经济关系发生剧烈变化的动荡时期，正是新旧正义理念相互争锋、冲突、斗争最为激烈和活跃的时期。在新旧制度针锋相对的转换时期也是思想最为活跃的时期，百家争鸣、文艺复兴等无一不是发生在新旧制度更替时期。然而，正义理念的新旧转换和本质跃升，并不只是停留于概念的纠缠中，而终归要落实于实践的变革，也就是制度的革新。诚如马克思所说："资产阶级在它已经取得了统治的地方把一切封建的、宗法的和田园诗般的关系都破坏了……它把宗教虔诚、骑士热忱、小市民伤感这些情感的神圣发作，淹没在利己主义打算的冰水之中。它把人的尊严变成了交换价值，用一种没有良心的贸易自由代替了无数特许的和自力挣得的自由。"①

总之，制度与正义是紧密联系在一起的。任何制度的建立都具有正义观的基础，正义观评价和辩护着制度，是制度变革的先导。制度保障正义理念的实现，决定着正义理念的产生、性质和变革。制度与正义观这种内在的互动互促关系，对我们理解制度正义的丰富内涵具有重要的意义。

---

① 《马克思恩格斯选集》第 1 卷，北京：人民出版社，2012 年，第 402—403 页。

第三节 制度正义是各维度正义有效性之根本

制度正义作为兼具理想性和现实性的社会规范，跳出了"什么是正义"的追问方式和思维方式，是对"正义应当如何实现"的追问。因为正义本身问题的重要性和复杂性，衍生了很多讨论正义的维度，比如个人正义和全球正义，分配正义和生产正义，等等。这些讨论都囿于"何谓正义"的语境中止步不前，从而斩断了正义理念通往现实的有效路径。根本而言，各维度正义的有效实现有必要深入探讨制度正义问题本身。制度正义在何谓正义的研究范式上继续追问正义应当如何通过制度保障实施，并在此基础上开展出制度正义设计和应用的程序性和逻辑性（形式正义），以及伦理特性和社会效果（实质正义）的双重逻辑，以保障各维度正义的有效实现。

虽然人们普遍认同需要一种有效的制度正义体系去保障正义理念的落实，协调人与人之间的利益关系和权责分配，但是对于如何保障正义理念的落实却发生了分歧。形式主义者认为，人与人的观念存在着十分明显的分歧，这些观念关涉人的价值偏好、教育水平、人生追求和认识水平等。因此，如果制度正义应当作为一套严谨合理的程序，为人们的行为提供行之有效的价值标准，而不是预先设定某种价值尺度和标准，因为这很可能造成人与人之间价值观念的冲突。与之相反，一些理论家认为，哲学问题无法忽略实质性问题，当我们在思考制度正义问题的时候，就不可避免地预设了某种社会后果和价值立场。如果回避或者忽略实质性问题，那么这样的程序设置就是无效的。确切地说，这一分歧可以表述为，制度正义应当如何为各维度正义提供有效性保障，是体现为一种正义的程序安排，还是体现为保障一种正义的结果。

事实上，制度正义之形式正义和实质正义的双重逻辑是相互统一的。但是，在现实社会中，两者在某些情况下并非总是一致，也就是说，有时候制度的制定和执行是正义的，但其并不总是带来正义的结果。比如，资本主义制度的实行是公正的和一致的，甚至其法治建设已经相当成熟，但是它实质是不正义的，比如资本家对无产阶级的剥削，等等。对待这一历史现象，马克思认为，"如果形式不是内容的形式，那末它就没有任何价值了"①，因此，我们应当坚持一种形式正义与实质正义相统一的后果主义审视方法去看待制度正义。阿马蒂亚·森的观点比较接近形式正义和实质正义相统一的方法。他认为，基础性正义对于判断一个社会是否正义更为重要，例如："一个社会在可以防止饥荒的时候允许饥荒发生，就以一种明显的、显著的方式表明，它是不正义的。"②

由此可知，制度正义既是各维度正义理念的体现，也为各维度正义理念提供有效的制度保障。一方面，制度正义作为形式正义体现着各维度正义的内涵，另一方面，制度正义作为实质正义保证各维度正义的有效实施。

首先，制度正义作为形式正义要求制度的制定和实施过程必须

---

① 《马克思恩格斯全集》第1卷，北京：人民出版社，1956年，第288页。
② 〔印度〕阿马蒂亚·森：《以自由看待正义》，任赜等译，北京：中国人民大学出版社，2002年，第287页。

公开透明，能够经得起一切检验。增加制度的公开性和透明度，让所有的公民都能够了解国家的制度，能够对国家制度的实施过程进行全面监督，让制度真正能够为公民服务。公民生活在制度当中，有权利了解该社会的制度，该社会也有义务让公民知道各种基本制度。从该社会的基本制度到具体的法律规范等都应当是公平的和公开的，而不是少数人熟知的特权规则。只有制度是公平、公开和透明的，才能保证该制度是正义的，才能为人们的行为提供有效的行为规则。

其次，制度正义作为形式正义要求平等待人。平等地对待每一个人，这意味着法律和制度应当"平等地适用于每一个人"[①]。在此意义上，制度正义不仅作为一种形而上学的价值理念，更是作为一种政治价值而存在。当制度正义作为一种形而上学的价值理念，表明生活在制度里的人是作为目的而不是作为手段而存在，它意味着制度正义不应在打破人压迫人的制度之后，而代之以制度对人更深刻的压迫。平等待人的形而上学理念主张制度应当从人之为人的尊严出发，唤醒人对自身生命的责任意识，降低各种道德偶然因素对人的生活前景的影响，赋予人同等发展自身能力和实现自身人生计划的机会和资源。当制度正义作为一种政治价值而言，制度里的一切成员都应当遵守制度，不允许有任何特权和例外，也就是说，如果制度的建构和运行不能保证排除各种特权因素的干扰，平等待人

---

① 〔美〕约翰·罗尔斯：《正义论》，何怀宏等译，北京：中国社会科学出版社，1988年，第59—60页。

也就无从谈起了,这只能说明制度不是正义的,是保障少数人利益的特权制度。如果制度本身就是毫无正义可谈,那么也就无所谓什么社会正义的问题。因此,有些理论家将平等视为至上的美德,并置为社会正义的首要原则,政府合法性的唯一检验标准在于它是否做到了平等待人。①

最后,制度正义作为形式正义,实质上就是要在法律和制度的运行和执行过程中实现公平公正。制度是对人们关系进行调节的根本的社会规范体系。法律和制度执行过程中毫不偏颇、对待社会成员一视同仁,这是制度正义作为形式正义的内在要求。所有人都必须在这一要求下自觉遵守法律制度,根据法律和制度的要求进行社会生活和工作,人人必须按照法定程序维护自身的权利,任何人在维护和保障自身权利时都必须依据和遵守法定程序。同样,形式正义也能够对执法者进行规范和约束,能够保障法律和制度的执行始终如一,只有如此,即便是法律和制度不健全,也能够保障法律的公平正义。

制度正义不仅要使各维度正义体现在相应的制度之中,而且制度正义作为一种实质正义就是各维度正义的制度化。换言之,实现各维度正义,关键在于制度正义。各维度正义的制度化体现在权利和民主两个方面。在此意义上而言,制度正义作为一种实质正义首先应当保障人的权利;其次它应当实行一种民主制度。具体来说,

---

① 〔美〕罗纳德·德沃金:《至上的美德:平等的理论与实践》,冯克利译,南京:江苏人民出版社,2003年,第6页。

各维度正义的制度化就是自由和平等价值的制度化。这是因为，自启蒙运动以来，自由和平等便成为人们孜孜以求的政治价值，构成了正义理念的基本内涵。无论是罗尔斯分配正义，诺齐克的持有正义，阿马蒂亚·森的能力正义以及柯亨的自我所有权理论等，都是围绕自由和平等的内涵展开争论的，也可以说，罗尔斯的制度正义理论从本质上就是为了能够实现其主张的具有平等主义倾向的差异原则。因此，制度正义作为实质正义，要求体现自由和平等的价值。

首先，制度正义作为一种实质正义，应当保证人的自由和平等的权利。各维度正义的有效实现，意味着每个人都通过制度的保障享有自由权和平等权。不同的个体享有各种各样的权利，其中一些权利对于个体而言是极为重要的，这就是人权。所谓人权，从根本上来讲涉及人的两项权利，即自由权与平等权，其他各种权利都是围绕这两项权利拓展出来的。人权主要包括两个方面：一是政治权利的自由和平等；二是经济权利的自由和平等。由于这些权利对于个体而言都是极为重要的，因此世界各国都将其上升到司法层面，通过宪法对人权做出了一些相应的规定。虽然不同国家的宪法对人权的具体规定不同，但是这些法律的核心与宗旨是一样的。如果人权是通过宪法进行规定和保障的，则表明这属于一种宪法权利。反之，为使人权能够得到更加有效的保障和落实，将其纳入宪法层面也是非常必要的。人权作为一种宪法权利是神圣的、不可侵犯的，以及应当受到个体和政府的一致尊重。

现实生活中，权利作为现代政治法律制度的基石，是人类社会价值体系的"阿基米德点"，具有特别重要的意义。那么权利的意义为什么会这样重要？这就需要考虑到权利的一些特征。第一，权利能够保护普通公民。自由权与平等权是公民最基本的权利，也是最具价值的权利，应当对这一权利给予尊重，保障公民都可以享受到这一权利。不过，如果没有将自由和平等的正义理念上升到制度层面，只是从自由和平等作为正义价值的层面进行考察，这样的权利显然是空洞的和形式的。因此，只有将自由和平等的政治价值上升到制度层面，才能够保证每个人都可以享受到这种权利。第二，权利能够约束和限制政府行为。不管是人权还是宪法规定的其他公民权利，可以说权利的实施都是指向政府的。对于公民所享有的权利，可以分为两种，一是消极权利，二是积极权利。从消极权利的角度出发，政府不可以对这种权利实施干预；从积极权利的角度考虑，政府则有满足这种权利的义务。第三，权利能够将政治价值充分地反映出来。这里提到的政治价值具体指的是自由与平等，这也是人权的最高标准。必须要明确的一点是，权利是拥有优先性的，如果权利和其他利益或是价值之间产生了矛盾，这时权利就必须能够对这种利益或是价值形成有效的压制；同时，权利也能够构成一种边界约束，具体表现为政府、团体或是个人在对价值与利益进行追求的过程中都不能踩踏和侵犯权利的红线。

其次，制度正义作为实质正义应当是一种民主制度，保障公民在公共生活中的自由和平等。自由和平等的制度化表明每个人均能享有这两项权利。从人的自由权角度出发，任何人在参与公共事务或是公共管理方面，都拥有对自身观点与看法进行表达的权利，同时享有参与各项政治活动的权利；从人的平等权层面看，每个人的社会地位与公民资格都应该是平等的,而且在参与一些国家的政治活动时,同样享有平等的参与权与发言权,这是一种基于自由与平等的民主制度。

相较于其他政治制度而言,民主制度的优势表现在它是在人民主权论的基础上形成的制度形式,任何权利从根本上讲都是属于人民的,这样能够对各类专制制度形成有效的规避。民主制度作为一种权利制度,不仅能够保障公民参与公共生活的自由和平等,而且能够为公民自由和平等地参与公共生活提供制度保障,能够更好地维护公民的利益。基于"民主制度"这一语境,要求个人必须积极融入政治生活与公共生活,从而形成道德自律和社会责任感,使公民能够按照相应的道德标准要求自己,从而规范自己的社会行为,奠定了国家稳定而有序的发展基础。

第四节 制度正义是正义行为的硬性规范

制度正义与人的社会生活与社会行为紧密关联,离开人类社会与人的行为,也就无所谓制度与正义的问题了。不同于风俗习惯、道德、惯例等柔性的社会规范,制度正义作为社会经济基础的直接体现和反映,对人的社会行为具有刚性的约束力,即通过惩罚和制裁规范任何违法和破坏制度的行为。正是制度正义所特有的强制性,才使得它与其他社会规范区别开来。制度正义作为规范人的正义行为的硬性规范,不仅具有理想性,而且具有现实性:一方面,制度正义的理想性或批判性是指价值层面的"应当",对人的行为具有示导、规范和限制作用,即人应当如何行动,概言之,"对于行动概念来说,重要的是应当有个规范性取向"[①]。另一方面,制度正义的现实性或事实性是指人们为了实现正义的理念,根据自己的需求、观念、价值、偏好等制定的行为标准和规则,来规范人的正义行为。如吉登斯所说,不能仅仅将制度理解为外在的形式制约,从根本上而言,制度具有鲜明的现实指向性和实践特征,规定着人们的行动,是人们应当遵循和践行的社会规范。

制度正义作为规范人的正义行为的硬性规范,在"人应当如何行动"的价值理念层面展现为人们对制度正义的一致认同,并进而将其内化为人的道德意识和价值观念,成为人们遵守制度正义的特定要求而行动的理由。人的行为是人的能动意识的对象化活动,总是体现着两种价值尺度:外在尺度和内在尺度。前者是指人的行为活动不仅体现着自身的利益和需要,也要遵循客观世界的规律,只有遵守外在客观规律,才能达到理想的目的;后者是指人的行为是人的需要和利益的表达,否则,就会事与愿违或者事倍功半。这两种尺度并不是截然分裂而互不干涉的。人的行为的外在尺度和内在尺度的统一实际就是人的行为的合规律性和合目的性的统一,只有实现了这两种尺度的统一,人的行为才能够实现预期的理想。也就是说,人们按照制度正义而采取的行为,一方面指制度正义的设

---

① 〔美〕塔尔科特·帕森斯:《社会行动的结构》,张明德等译,南京:译林出版社,2003年,第50页。

计、运行和执行符合生产力发展水平，尤其是能够有效地调控人的生产行为，最终能够有效地协调人与人之间的利益分配、维护人们的权责关系，保障一种程序正义和实质正义。另一方面是由于制度正义能够满足不同个体，乃至于同一个体不同层次的需要和偏好，而使人们能够对制度正义产生认可，并被个体所接受和采纳，变为自己的道德观念和价值理念，从而内化为指导人的行为的心理尺度。借用黑尔的说法，人们对制度正义的内在认可和意识形态认同实际就是对人的行动的引导，在归根结底的意义上而言，认同本身就蕴含着关于人们应当如何行动的命令。例如人们认可一个制度是正义的，其本质就是蕴含着人们的行为要符合制度正义的要求。然而，当个体在评价"这是一个正义的制度"时，很可能只是站在认知性角度评价了制度正义的合规律性，也未必意味着对行为的制约和引导。正如福特指出："赞扬别人是勇敢，并没有在约束自己或他人。"[1] 同理，一个人认同和赞美制度的正义性，并不意味着他一定做出符合制度正义的行为。

制度正义作为沟通"事实"与"价值"的中介，其特质在于能够促进"应然"向"实然"的转化。因此，制度正义作为具有强制性的硬性规范，最终的落脚点在于规范人的正义行为，"对法律来说，除了我的行为外，我是根本不存在的，我根本不是法律的对象"[2]。换句话说，"一条规则除非为一定的社会所践行，否则就不是

---

[1] Philippa Foot, "Moral Belife", In W.D.Hudson(ed.), *The Is-Ought Question*, London: Macmilan, 1969, p.209.
[2] 《马克思恩格斯全集》第1卷，北京：人民出版社，1956年，第121页。

一条社会规则"①。比如"爱护环境"是美德,是人的正义行为,这一价值判断现实化为制度之中的规定便是某种特定的行为类型(禁止排放……放射性废液,等等)。制度正义作为人根据自己价值需求、欲望和偏好制定出来的行为规范,不仅是一个价值实体,而且还内蕴着人应当如何行动的价值理念,向人们提供在特定情境中应当怎样行动的知识。

黑尔就指出,人们不仅需要关于"事物是什么"的知识,而且需要关于"如何行动"的知识。制度正义作为对个体在某种情境下应该如何行动的知识,通过包含"应该"、"禁止"和"允许"等规范词,告诉人们应该做什么、不能做什么、可以做什么。也就是说,它能够通过或引导或限制或许可的方式落实为某种具体行为。阿兰·格巴德指出,人们在规范系统中考察各类行为的时候,总会发现这些行为必定有如下三种规范性特征之一:规范系统所要求的、规范系统所禁止的、规范系统可选的。②

首先,制度正义作为一种实体化存在,对人的行为具有引导和示范的作用。制度正义具有不同的维度和不同的层面,对人的社会行为的各个方面发挥着引导和示范的作用,比如"市场经济制度"是对经济行为的规范,"民族区域自治制度"是对各少数民族行使自治权的制度,等等。可以说,制度正义为生活在其中的人的

---

① 〔英〕约瑟夫·拉兹:《实践理性与规范》,朱学平译,北京:中国法制出版社,2011年,第51页。

② Allan Gibbard, *Wise Choices, Apt Feelings: A Theory of Normative Judgment*, Massachusetts: Harvard University Press, 1990, p.87.

行为划定了安全和理性的区域，人们在其中可以自由地行动而互不伤害。

制度正义对人的行为的引导和示范不仅体现在人的行为内容和行为范围的设定，还表现在对行为方式的选择上。在现实生活的同一境遇中，人往往面临着如何选择行为方式的两难处境。比如，中国传统社会是一个人情社会，人情思维是主导性思维。在相当长一段时间内，人情甚至与王法、天道等一同构成了人的行为规范。人情交往不是单纯的"助人为乐"，而是以人与人之间的互惠为主要特点的交往关系。这一交往模式在市场经济背景下衍生了很多弊端，比如行贿受贿、任人唯亲等，并演变为资本和权力等特权因素对制度正义的冲击。事实上，这种冲突表征了"人情思维"和"制度思维"的对抗。"制度思维"就是通过引导使人尊重制度、敬畏制度，并自觉地将自身的行为置身于制度的边界内。通过培养制度意识，才能使普通民众和执法者对制度的认识由表层上升到理性认同，并将制度思维贯彻到各种具体行为中，比如政治行为、经济行为、道德行为等等，最终使人将制度而不是人情作为行为的标尺，从而引导和规约人的正义行为，获取正当利益。

其次，制度正义作为一种价值实体，具有稳定的结构，强调行为总是发生在某些限定性规则之下，对行动者的选择做出限制，影响着可能的和合理的行为。比如"禁止非法拘禁"、"禁止对公民进行侮辱和诽谤"、"禁止虐待老人和儿童"，就是限制人的特定行为的禁止性制度。制度正义所惩戒和限定的行为主要是负价值行为。但若是一种负价值行为，则要看行为的危害性是否达到了制度正义所调整的程度。如果把一个负价值很小的行为纳入制度正义的调整范围，则会使制度不堪重负，也就毫无效率而言。因此，只有当一个负价值行为超出了道德、习俗等柔性规范的调整范围，制度正义才发挥作用。

第一，奖罚分明是制度正义发挥其限制性功能的主要方式。奖罚分明意味着惩罚所有违反制度的行为，奖励某些好而稀缺的行为。任何制度若被违反、破坏或侵犯而不受惩罚，其权威性和强制性就会受到挑战，而导致制度丧失其存在的意义和价值。因此，所有违反制度的行为都应当受到惩罚。但是如果任何好的行为都受到奖励，则会增加社会成本，使社会不堪重负。因此，正义的制度应该奖励某些好而稀缺的行为，比如对重大科学发明奖励制度和见义勇为表彰制度，以保证奖励最终是得大于失，弘扬某种稀缺美德。第二，奖罚分明意味着对不正义行为的限制和处罚是适度的。法律作为制度正义的主要表现方式，其主要特点就是用违反了什么样的法律条文而应受到什么样的处罚来表达。"在法律面前，每个人都必须承诺。如果一个人向他的邻居做出了承诺，就不得有伤害到他邻居的直接行为或过失行为。也就是说，这个人的行为应当尽可能地合理谨慎，避免邻居因为他的疏忽行为而受到影响。所以，贯彻侵权法始终的黄金原则是——己所不欲，勿施于人。"[①] 它作为一种严格的行为过程和程序，要求人必须这样做，而不能那样做，否

---

① 〔英〕罗宾德·辛格：《法律究竟是规范还是价值》，齐玎译，《人民法院报》2014年8月15日。

则就要受到制裁和惩罚。但是，法律对不正义行为的限制和处罚应当是适度的，如果超出了这一限度，就会损害人们的正当权益。比如，为了保障市民的生命财产安全这一位阶更高的价值和利益，应当对一些行为加以适当限制。比如不正当的市场交易行为，但是如果对市场交易行为进行全面禁止就过头了，是因噎废食，反而损害了人的正当权益。第三，奖罚分明需要与道德引导相一致，或者说，是道德引导需要制度奖罚的支持。如果奖罚制度与道德引导不一致，则会使道德教化失灵。比如，如果不讲诚信或者投机取巧更容易获得一些物质和社会利益，则会使道德教化失灵，这是来自于制度奖罚机制不正义的打击。因此，萨拜因说道："当人们处于从恶能得到好处的制度下，要劝人从善是徒劳的。"[①]

最后，制度正义不仅涉及应该履行的"义务"，而且涉及做与不做皆可的"权利"，是对行为者的行为做出"许可"，即并不是对主体的行为进行限制或引导，而是将做与不做某事的行为由当事人做出决定。它赋予主体可以作为或不作为的资格，一般运用"可以"、"能够"、"有权"、"有……自由"、"有……权利"等语言表述。如选举法规定"年满18周岁的公民都有选举权和被选举权"，至于行使不行使这一权利可以自主选择。权利性规范是现代文明国家社会规范的主要方面，它在社会规范中的比例往往能够反映一个国家现代文明的发展水平。

归根结底，人们之间要进行交往，就必须要有规则。制度正义

[①] 转引自韩东屏：《制度的威力》，武汉：华中科技大学出版社，2004年，第72页。

作为规范人的社会行为的硬性规范，之所以能起到上述作用，在归根结底的意义上而言，首先是因为它通过对人在特定场景中行为的具体引导，使人获得应当如何行动的知识；其次是因为它使人与人之间的互动行为有章可循，最终保障人与人之间关系的良性互动；最后，它作为对其成员行为的可评价、可褒贬、可惩罚的根本社会规范，对有损于社会稳定发展的行为做出有效的抑制，对有利于社会稳定的行为则予以鼓励。

第二章　制度正义的基础和来源

　　制度正义作为根本性的社会规范，其本身也有一个基础和来源的问题，这是毋庸置疑和无须争辩的。古今中外的思想家依据不同的根据和来源形成了或相互对立或相互补充的制度正义理论。在理论分析的逻辑上，只有阐明制度正义的基础和来源，才能更好理解其正当性和合法性：生产方式作为人的各种社会关系形成和发展的根据，是制度正义产生及其理想性和现实性的坐标。生产方式的历史性和稳定性决定了制度正义的历史性和稳定性；制度正义的主体性前提是现实的人而不是抽象的人。从抽象的人出发实际上是将人置于制度正义之外，只有从现实的人出发，制度正义才能真正意义上调整人的社会关系、协调人的利益分配；制度正义以人的实践活动为基础而不是理性的建构。实践活动的具体性、历史性和丰富性是制度正义合理性和正当性的基础和前提。只有从实践活动出发才能保证制度正义的现实品格；制度正义的根本评价尺度是要看从谁的利益出发，以个人利益还是社会集体利益为原则。它内嵌着主体的需要和利益，体现了主体对正义社会的价值追求和价值理想。以人民群众的利益为根本出发点的制度正义是一个真正的正义社会所必需的。制度正义在不同社会形态下有着差异化表现。这主要体现在所有制基础、价值原则和价值目标方面。

第一节 基于生产方式的历史性和稳定性

以唯物史观为方法论指引的马克思制度正义理论，就其内涵和范式而言，与罗尔斯等自由主义者所期许的制度正义理论具有异质性。唯物史观正是在与生产方式相连接的社会领域中凸显制度变革的宏大叙事，而自由主义者几乎都是在与分配相连接的领域中，以价值理念引领制度选择的改良诉求。因此，确立生产方式的历史坐标是唯物史观方法论指引的实质化表达。这一点在马克思恩格斯的唯物史观思想中积极地开显出来："从直接生活的物质生产出发阐述现实的生产过程，把同这种生产方式相联系的、它所产生的交往形式即各个不同阶段上的市民社会理解为整个历史的基础，从市民社会作为国家的活动描述市民社会，同时从市民社会出发阐明意识的所有各种不同的理论产物和形式，如宗教、哲学、道德等等，而且追溯它们产生的过程。"[①] 在这个意义上，如果涉及制度正义以及它所包含的领域，坚持唯物史观就意味着以物质资料的生产方式为决定标准来判断正义观念、价值规范、道德习俗的历史变迁。所

---

① 《马克思恩格斯文集》第1卷，北京：人民出版社，2009年，第544页。

以，唯物史观要求道德、理性、价值原则等社会意识范畴的支点基于生产方式以及与其相适应的交往方式上。

只有确立生产方式的基本坐标，才能够为人类社会应当何去何从提供合乎历史规律的积极方案。从思想史来看，一个常见的关于制度正义的认识是：只考虑制度正义的应然性，而有意无意地忽视其实然性，最终落入柏拉图构建的理想主义窠臼。然而，制度正义不是"乌托邦式的理想"，也不是动物式的"森林法则"，而是要求主体去实践的具体的社会规范。这是因为，一方面，它来自于人们现实的感性实践活动，是在交往实践基础上形成的社会关系规范，具有现实性和可行性；另一方面，它以理念的形式存在，是一种态度和理想，一种方向和目标，显示着人的希望和追求，具有范导的价值和意义，具有理想性和超越性，二者共同构成了制度正义的充分必要条件。倘若对二者的关系把握不当，就会产生理想与现实、应然与实然的对立。前者把后者看作是故步自封的守旧派，大加鞭笞，后者把前者看作是虚无缥缈的"乌托邦"，不屑一顾。然而，在考察制度的前提层面上，当一味地为自由、平等和正义作合理性辩护并极力凸显其前提地位时，必然会形成理想和现实之间的不可通达、不可过渡，甚至是矛盾冲突。消解二者的对立，需要使制度正义找到一个合理的参照系和衡量坐标，通过这个坐标系，能够合理地连接理想和现实、现在与未来。鉴于此，唯物史观从一开始就把考察社会历史发展进程问题的坐标锁定为"生产方式"，而不是"价值理念"。生产方式不仅确立和反映人们当下的关系，也以自身的不断变革，不断扩大所标示的活动空间，成为沟通现实和理想、当下和未来的中介,制度正义的现实层面和应然层面在这一中介的变迁中统一着,历史地发展着。

在生产方式之坐标点起作用的地方,制度正义议题的讨论方式也将发生根本性转变:"价值原则"的立足点必须被超越,社会意识和社会制度的本质性必须在生产方式中探求。这一结论能够成立的原因在于,人在物质生产实践基础上生成多种形式的社会关系。生产力并不是一成不变的,相应地,人的实践能力也是不断变化的。"手推磨产生的是封建主的社会,蒸汽磨产生的是工业资本家的社会。"① 随着生产力的不断发展和进步,人的实践能力也得到不断的提升,实践空间和实践关系也得到不断的拓展,因此,生产方式也会随之发生改变和更迭。"而随着生产方式的改变,他们便改变所有不过是这一特定生产方式的必然关系的经济关系。"② 也就是说,随着生产方式发生的或慢或快、或部分或整体的改变和更迭,人们的经济关系尤其是生产关系也会发生相应的改变和更迭。"这难道不是说,生产方式、生产力在其中发展的那些关系,并不是永恒的规律,而是同人们及其生产力的一定发展相适应的东西,人们生产力的一切变化必然引起他们的生产关系的变化吗?"③ 那么,制度正义作为规范社会关系的硬性规范,也会随着生产方式的变化而变化。基于不同历史阶段的生产方式,必然生成内容不同、性质相异的制度正义。制度正义产生于特定历史阶段的生产方式,与之相

---

① 《马克思恩格斯文集》第1卷,北京:人民出版社,2009年,第602页。
② 《马克思恩格斯全集》第27卷,北京:人民出版社,1972年,第479页。
③ 《马克思恩格斯文集》第1卷,北京:人民出版社,2009年,第613页。

适应，并为之服务。没有也不可能有超越特定生产方式，适应并服务于一切性质和类型的生产方式的普遍性的制度正义。

如果将生产方式作为制度正义的坐标点能够得到确认的话，那么如下结论也能够成立，即制度正义应当具有历史性。如果不理解生产方式的历史性，就会采取一种非历史主义的态度去看待制度正义，无法理解和阐释制度正义的历史性，而是将其看作永恒的意识形态，甚至会产生如下错误观念，即"仿佛这个一定生产方式的产物一直会存在到世界末日似的"[①]。因为，人们在一定的生产方式的基础上形成了一定的社会关系，相应地，也会产生和形成规范社会关系的制度正义。所以，制度正义作为奠基于生产方式之上的根本价值规范，也具有历史性和暂时性。如果忽视这一点，就会发生在自由和奴隶制之间寻求中庸之道的滑稽场景。唯物史观的历史主义叙事，不仅体现在对共产主义制度的苦苦追求中，而且体现在对社会制度变革的辩证态度上。唯物史观并没有因为资本主义的必然灭亡而陷入对资本主义制度的形而上学否定，反之，是基于实践—辩证的思维方式对共产主义制度的必然实现进行了科学阐明。产生于特定生产方式基础上的制度正义必定合乎历史规律，具有历史必然性，这一深刻的历史主义叙事方式，不仅构成了我们审视和评价制度正义的来源和根据，也构成了我们审视和评价制度正义的方法论视角。每一种制度正义都是特定生产方式的产物，其内容和性质伴随着生产方式的改变也发生相应的改变。具体来讲，制度正义的

---

① 《马克思恩格斯全集》第27卷，北京：人民出版社，1972年，第480页。

历史性主要展现为以下三个维度。

第一,制度正义不是乌托邦式的价值理想,在归根结底的意义上而言,它是特定历史阶段下的经济条件和其他历史条件的产物。借用恩格斯在《反杜林论》中谈到道德原则时的说法,我们应当拒绝那种把制度正义看作是普遍且永恒的要求,从而拒斥凌驾于历史和种族差别之上的亘古不变的价值规范。相反地,不同历史发展阶段的制度正义归根结底都是当时的社会经济状况和经济结构的产物。因此,对于制度正义的认识、制定、评价都"不能超出社会的经济结构以及由经济结构制约的社会的文化发展"①。马克思和恩格斯对道德原则和资产阶级法权的论述同样适用于制度正义。

第二,随着生产力的发展和特定经济结构和社会文化的发展,制度正义必然会发生历史更替。因此,应当警惕"把那些在某个时期曾经有一些意义,而现在已变成陈词滥调的见解作为教条重新强加于我们党"②。诚如人类社会的"每一个阶段都是必然的,因此,对它发生的那个时代和那些条件说来,都有它存在的理由;但是对它自己内部逐渐发展起来的新的、更高的条件来说,它就变成过时的和没有存在的理由了;它不得不让位于更高的阶段,而这个更高的阶段也要走向衰落和灭亡"③。因此,对于制度正义应当始终保持一种历史性和反思性的批判态度,拒绝将某一特定制度正义作为永恒的价值追求和社会规范。

---

① 《马克思恩格斯文集》第 3 卷,北京:人民出版社,2009 年,第 435 页。
② 《马克思恩格斯文集》第 3 卷,北京:人民出版社,2009 年,第 436 页。
③ 《马克思恩格斯选集》第 4 卷,北京:人民出版社,2012 年,第 223 页。

第三，如果相应的社会历史条件尤其是经济结构没有得到充分发展，那么更具合理性和正当性的制度正义也无法在当前历史阶段中占据主导地位。如果立足于更高的历史阶段来审视当下的制度正义，无疑具有不合理性和不正当性，但是在它仍然与当下的生产方式和历史条件相适应的时候，就没有理由推翻它。具体来说，即使我们能够在社会主义制度下通过理论得出一种奠基于更高生产力发展阶段的制度正义——共产主义制度，从而批判社会主义制度的历史局限性，但是在生产力未得到发展的历史阶段内，只能是制度正义进行自我反思和自我审视的价值标准，而无法具体化为现实制度。因此，基于生产方式和特定历史条件的制度正义的历史性提醒人们，只有推翻现有的生产方式，才能实现制度正义的有效变革和革新，进而实现更高层级的制度正义。

当然，基于特定历史条件的制度正义一旦生成，就具有相对独立性和历史继承性。也就是说，制度正义与特定的社会历史条件也并不总是如影随形。纵观历史，制度正义的历史演变通常有以下两种现象：一种是同一个制度正义可以存在于几个相互区别的历史时代；一种是同一个历史时代或社会形态中，可以同时存在多种彼此对立与相互竞争的制度正义。之所以有第一种现象的存在，是因为在不同的历史发展阶段之间存在着某些共同之处；而第二种现象的存在，是由于在同一个发展阶段或社会形态中同时存在多种不同的相互竞争的生产方式与交换方式，以及与这些相互竞争的生产方式与交换方式相联系的阶级。尽管如此，在一个特定的社会形态中，占据支配与主导地位的制度正义通常是属于被统治阶级所认同的规范体系。

因此,制度正义的历史性从根本上是对永恒意识形态的破除,我们不能简单抽象地强调对制度正义的遵守,更应始终保持对制度正义的反思和批判,强调什么样的制度正义才是更合理的和更正当的。一言以蔽之,当我们相信"存在有或者必定有一些永久的与历史无关的模式和框架,在确定理性、知识、真理、实在、善行和正义的性质时,我们可以最终诉诸这些模式和框架"①的时候,我们就会不懈地去求索真理、善行和正义的基础及其实现途径,就会提出更为理想的社会制度设计方案,就会去造就一种在一定历史时期内具有可行性的行为模式,并使之在一定时期内具有权威性和有效性。制度正义的历史性表征使我们打破任何一种永恒的虚幻神话,获得对既有的社会制度之正义性产生怀疑和反思的信念,大胆地去构想和追求一种新的制度正义。

值得注意的是,制度正义的历史性并不意味着它是变动不居、瞬息万变的。制度正义的产生本身"是一种历史的产物……需要一定的历史条件,而这种历史条件本身又以长期的以往的历史为前提"②。制度正义落实为人的正义之行的过程是一个从主观到客观、从价值理念到制度设计的历史过程,该过程需要一定的时间和空间,并不是一蹴而就的。因此,制度正义必然要求稳定性,除非遇到极个别情况,制度正义一旦生成就不允许更改和废除。否则,就

---

① 〔美〕伯恩斯坦:《超越客观主义与相对主义》,郭小平等译,北京:光明日报出版社,1992年,第9页。
② 《马克思恩格斯选集》第3卷,北京:人民出版社,2012年,第484—485页。

会导致制度正义永远无法落实为实际可操作的社会规范。依据具有稳定性的制度正义，社会成员在相互交往中就能对自己和他人的行为做出正确判断，为社会成员提供稳定和一致的行为规范。社会成员在制度正义规定的范围内活动，不但能降低社会交往中可能出现的任意行为和机会主义行为，防止或化解人与人之间、群体之间、人与群体之间的分歧和冲突，而且其内含的价值取向和社会标准在实践当中能反复影响社会主体的思想观念和精神世界，强化行为者在社会交往中遵循制度的行为习惯。

制度正义稳定性的现实根基是社会关系。制度正义的本质是社会成员在生产生活中所形成的社会关系的应然反映。生产是社会成员生存与发展的基础，但是他们只有在合作中才能生产，在合作中形成的社会关系反过来又是生产的基本条件。马克思说："他们只有以一定的方式共同活动和相互交换其活动，才能进行生产。为了进行生产，人们相互之间便发生一定的联系和关系；只有在这些社会联系和社会关系的范围内，才会有他们对自然界的影响，才会有生产"，并且"各个人借以进行生产的社会关系，即社会生产关系，是随着物质生产资料、生产力的变化和发展而变化和改变的。经济关系也就是生产关系，是决定其他一切社会关系的基本关系，在社会关系的总和中起着支配作用。因此，人们在生产关系中所获得的规定性构成人的根本规定性。生产关系总和起来就构成所谓社会关系，构成所谓社会，并且是构成一个处于一定历史发展阶段上的社会，具有独特的特征的社会。古典古代社会、封建社会和资产阶级社会都是这样的生产关系的总和，而其中每一个生产关系的总和同时又标志着人类历史发展中的一个特殊阶段。"① 因此，生产方式作为社会关系的体现和社会行为的准则是人类社会存在的必然，贯穿于国家发展的始终。如果社会关系的变化过于频繁和快速，就打破了对于人类生存发展来说十分重要的秩序。然而，对于秩序的本能渴求又迫使制度正义改变自身去适应该变化，这样就会动摇人们对于制度正义的信念感和认同感。因此，在社会急剧变革或转型时期，社会关系和制度正义的不断变化非常不利于社会正义的实现。制度正义的稳定性具有维持和强化社会关系稳定的功能。反过来，要保持制度正义的稳定性，也要保持社会关系的稳定性，社会关系的稳定也是保持制度正义的基础和前提。制度正义的稳定性和社会关系的稳定性是相互印证的关系。

第二节 主体性前提：现实的个人而不是抽象的人

"任何一种得到充分阐释的正义观念都表达了某种关于人的观念。"② 对"人"的规定和说明是任何政治哲学都绕不开的一个先置问题。如何回答这个问题在一定程度上决定了政治哲学以何种方式关怀"人"的生存境遇。罗尔斯的制度正义理论很好地说明了这个问题。罗尔斯试图构建的制度正义理论的最终要旨是为了构建以"差

---

① 《马克思恩格斯选集》第1卷，北京：人民出版社，2012年，第340页。
② John Rawls, *Justice as Fairness: Political not Meta-physical*, in Collected Papers, edited by Samuel Freeman, Harvard University Press, 1999, p.254.

异原则"为主要关怀的政治哲学学说。他认为,"差别原则"是置身于原初状态中的理性人的必然选择。为什么置身于原初状态中的人必然会选择差别原则作为一项重要的制度正义原则。这就涉及如何界定这种"理性人"。在罗尔斯的规定中,这种"理性人"应该具有相应的哲学、伦理等方面的知识背景,再附加某些简单的规定性,就足以使其做出相应的道德选择。然而,在后来的理论研究中,罗尔斯为了增加理性人选择正义原则的必然性,就附加这种理性人各种规定性,例如,不冒进、无功利、不傲慢等等。然而罗尔斯进一步发现,这些规定性并不是理性人选择他的正义原则的充分理由。于是,他继续赋予这些理性人以各种规定性,比如自由、平等、理性等。尽管如此,罗尔斯对理性人的规定也受到了理论界的质疑。社群主义者桑德尔认为,尽管罗尔斯给理性人附加了各种规定性,但这些理性人并不足以选择他的正义原则,除非附加理性人以社会性的内在规定性。对于这一问题,罗尔斯在与哈贝马斯的探讨中,又给这种理性人增加了一个非常必要的规定性:公共理性。此时,理性人具有非常丰富且复杂的规定性,但尽管如此,也只能把正义原则作为重叠共识而不是必然选择。从罗尔斯的这个例子可以看出,定义和界定"人"对社会制度正义原则的重要性。

因此,一种特定的正义理论总是与某种实质性的、包含着规范意蕴的人的观念联系在一起。人以及人的社会活动是政治哲学的逻辑前提,只有翻转"人应当是什么样的"的提问方式,以"人实际上是什么样的"为提问进路,探索制度正义的合理性和正当性,才能保障它的可执行性,或者说是合理性和正当性。"明智的创制者在制定法律时，也必须在着手制定之前，首先考察一下，它要为之立法的人民，是不是适宜接受那些法律。"① 一旦失去对"人"的正确审视，就会使人置于制度之外，而不是制度之中，就无法合理把握人与制度的适配性，从而无法实现人的自由全面发展。

在学术史上，思想家们围绕制度正义与人的关系有两种不同的理解：物化和理想化。前者无视人与动物的区别，竭力将人生物化，片面强调人的自然属性，认为人是趋利避害、追求消费和快活欲望的享乐主义者。因此，政治哲学家们已经确立了这样一条标准，即在制定任何规则和制度时，应该把人视为无赖——在他的任何行动中，唯一的目的就是追逐自己的利益。也就是说，基于将人物化的视角，制度正义应当对人的"无赖"行为进行有效的规避和制裁。这种以"恶"出发设计和建构制度正义的行为无疑强调制度对人的规训和压制。简言之，惩恶而不是扬善是制度正义的基本价值取向。后者认为人之为人，不仅是一种动物性的存在，而且是一种理性的存在，人们生活的目的和意义不仅仅是单纯地追求自己的幸福与快乐，而且应当追求一种完美与完善、崇高与神圣的生活。持这种见解的思想家将制度正义的实现诉诸完美的人格，竭力将人理想化，把人看作超自然的精神动物，这在古今中外不乏个例。从柏拉图的"哲学王"到孔子的"圣王"之治，都殊途同归，本质上都是用人的道德理想和完善人格对抗人的自然本性。在探讨何谓正义的制度时，虽然他们也重视制度的设立，但出发点往往把道德教

---

① 〔法〕卢梭：《社会契约论》，何兆武译，北京：商务印书馆，1980年，第59页。

化放在首位，用道德来代替法律。这种把人神化的做法往往由于过于理想化，忽视了人的自然属性，从而把人置于制度之上，不仅导致制度无法真正落实，仅仅成为一种期望的象征，而且容易形成个人专制和独裁，压制和遏止了法制的诞生和进程。黑格尔将柏拉图的"哲学王"称为"月亮里的人"，认为在现实世界中是不可能存在的。实践也证明，将制度正义的实现付诸完美的理想人格，最终制度会因为偏离"地球上的人"（黑格尔语）而失去其正义性。

然而，不管是将人物化，还是将人神化的做法，都没有真正理解人，从而没有真正理解人与制度的关系。事实上，将抽象的人作为探讨制度的起源、建构和设计的前提，就是把制度建构者与制度相割裂，从而都是以人与人、人与制度的外在和对立性关系为框架展开对制度正义的探讨，是对制度正义性的外部评价。这种对制度正义的认识论误区根源于这样一个理论误区：要去研究、描述和谈论制度正义，就必须或多或少地将人从制度正义完全脱身出来，建构一种制度正义理论，"是一种以理论为出发点的关注方式的产物"[①]。以这种方式研究制度正义，就会形成制度正义理论研究者和现实实践者的错位。实际上，制度正义往往产生于具体的历史情境中，产生于人在具体实践中协调社会关系、分配社会利益的需要。因此，制度正义不是凭空诞生的，也不是自发演进的，任何制度正义的构建和运行都是人为设计的结果，都离不开人的因素。对于制

---

① 〔法〕布迪厄、〔美〕华康德：《实践与反思：反思社会学导引》，李猛等译，北京：中央编译出版社，1998年，第101页。

度正义来讲，人既是剧中人，又是剧作者。换言之，制度正义产生于人的诉求，受制于人的本质，并最终服务于人。

制度正义作为规范人的正义行为，协调利益分配、维护社会秩序的价值规范，其制定和建构必须将人的因素纳入其中。换言之，衡量一种制度正义与否的重要标准在于它与人的适配性，符合人的本质的制度才是正义的制度。"假如我们想知道什么东西对狗有用，我们就必须探究狗的本性。……评价人的一切行为、运动和关系等等，就首先要研究人的一般本性，然后要研究在每个时代历史地发生了变化的人的本性。"[①] 这无一不是强调正确理解人的本质在制度正义设计中的重要作用。因此，只有在正确理解人的基础上，才能准确把握制度正义与人的关系，从而保证制度正义对人的积极作用。对于人的本质而言，唯物史观反对以抽象的人的观念说明制度正义的起源，而是主张从现实的人出发，打破制度压迫人或人凌驾于制度之上的人在制度之外的二分模式，进而把人置于制度之中去探讨和建构制度正义，从而使制度正义实现惩恶扬善的作用，实现利益和负担、权利和义务的合理分配。因此，制度正义应当顺应人的自然性、社会性和精神性，才能实现对人的自由全面发展的促进作用。

制度正义应当尊重人的自然属性，也就是应当通过制度的设计、安排和运行来满足和保障人的生物需求以及使人获得内在的心理安全感。现实的人首先是自然存在物，无法超越其肉体存在和自

[①]《马克思恩格斯全集》第23卷，北京：人民出版社，1972年，第669页。

然属性，也无法超越甚至摒弃衣食住行等生物性需要和欲望。人的生物性需要和欲望的满足作为人存在的首要前提，也是驱使人不断从事物质生产的根本推动力。同时，满足自然属性和生物性需要的实践过程也是"人猿相揖别"的历史过程。这一过程使人产生了反思意识和价值追求，超越了动物的自然属性和生物本能。但这并不意味着人可以摆脱兽性或者自然属性。"人来源于动物界这一事实已经决定人永远不能完全摆脱兽性"①。恩格斯在这里所说的兽性，就是人的自然属性，也就是生物特性。鲁迅之所以在《狂人日记》中将封建礼教称为吃人的制度，就是因为它否定人的自然属性，扼杀了人的生物性需要。如果单一地肯定人的精神属性，把人视为超越自然属性的完善人格，就会造成人性的撕裂，或者是人的伪善。因此，从现实的人出发，就是指一种合理的社会制度不是压制人的生物性需要，更不是扼杀人的生物性需要，而是以一种合理方式满足这种需要，并不断提高这种需要的质量和水平。②

人的自然属性、生物性因素主要包括生理需求和心理需求两个方面，也就是外在的生命安全和内心的安全感。在某种情况下，人能拥有生命安全，但不一定有安全感。就像密室逃脱游戏，游戏设置能保证人的生命安全，但还是不能让人产生安全感。安全感来自于以往成功经验的积累，以及外在保障条件的有效运行，最终让人信服，并产生信任的安全感。因此，制度正义应当是一种底线正

---

① 《马克思恩格斯选集》第3卷，北京：人民出版社，2012年，第478页。
② 参见杨耕：《"人的问题"研究中的五个重大问题》，《江汉论坛》2015年第5期，第28—39页。

义，就是能保障人的衣食住行等基本生存需要，使人摆脱居无定所的漂泊状态，保证人的生命安全。因为每个人先天因素的差异，导致了人生起点的天然不平等。因此，政府必须通过制度设计在基于全体民众生活保障的同时更加注重民众基本生活需求方面的制度供给，优先解决基本需求得不到满足或满足程度不高的群体。同时，底线正义从质的规定性来看，它赋予了政府、社会及个体的责任要求，那就是至少解决生活在这个社会中的任何一个人最基本的生活需要，在基本生活需求上体现出所有民众的一致性、均等性以及公平性，进而要求保障社会成员的基本生活需求；从量的规定性来看，底线公平通过制度设计在给予全体民众生活保障的同时更加注重民众基本生活需求方面的制度供给及待遇普遍提高，优先解决基本需求得不到满足，进而让所有社会成员都"有机会参与社会的竞争"。如古语所云，最终"使老有所终，壮有所用，幼有所长，鳏寡孤独废疾者，皆有所养"（《礼记·礼运篇》）。而人心理上的安全感来自于制度的设计和运行排除了道德偶然因素的干扰，它的设计和运行合乎形式正义，让人在其中感到是平等的，并能达成一种实质正义。在这种情况下，即使制度正义出现偶然的运行偏差，使某人的利益暂时受损，也不会动摇人对制度的认同感。但是，如果一味发展和单方面强调人的生物性需要和自然属性，就会造成生活的铺张浪费。在现代社会，这种铺张浪费主要表现为消费主义鼓吹的精致化，比如限购的茅台酒，热炒的红木家具，与奢侈品牌跨界合作的天价饼干，激发了人的虚荣心和社会的攀比风气。这实际上也是一种异化了的安全感和自然需求。因此，制度正义在肯定人的自然属性的时候要设立一种价值边界，就是制度不仅肯定人的自然属性，也要肯定和鼓励人的精神属性和社会属性。只有合理地满足人的自然属性，才能更好地发展人的精神需要和社会需要，为人的本质和价值的实现创造条件，最终实现人的本质的回归和对人的本质的真正占有。

制度正义应当通过制度化建设引导人的实践活动对象化为精神产品，拓宽人的精神属性。现实的人是精神存在物，具有精神属性。与动物出于本能的生产活动不同，人的劳动生产是有目的、有意识的创造性活动。人的劳动生产包括通过生育完成"生产他人的生命"[1]，以及通过有意识、有目的、有激情的物质生产劳动完成"生产自己的生命"[2]。人在劳动过程中不仅产生了维持生命延续的物质生活资料，而且还产生了自我意识，能够反思自己的生命存在和生命活动。正是这种对自身存在和生命活动的反思，使人摆脱了兽性，产生了价值追求和道德观念。在一定程度上而言，人的意识并不是脱离现实根基的玄妙幻想，而是人脑对客观世界的主观反映，是人在长期的有目的、有意识、有激情的生命探索中形成和发展起来的。随着人的实践能力的提高、实践范围的扩大、实践对象的丰富，人的意识也变得越来越丰富，便产生了自由和平等的价值追求，随之，便产生了保障自由和平等的制度正义的需要。此外，制度正义深刻影响着人的精神需要。人总是在特定历史条件和文化环

---

[1] 《马克思恩格斯选集》第 1 卷，北京：人民出版社，2012 年，第 160 页。
[2] 同上。

境中生存，在出生后会受到制度的熏陶，并在制度化交往中习得语言、知识、信仰等，正义的制度往往能够满足人的精神需要，培养人良好的心理素质和完美的道德人格。

不可否认，自进入近代化以来，人类通过制度化的建设，使人的本质对象化在社会物质财富上创造了丰富成果，但由于精神制度化为人的内在素质不够，导致看似越来越丰富的娱乐生活和消遣方式发展和拓展了人的精神属性，但实际上这只是资本操纵下的虚幻假象罢了。实际上，人的精神属性和精神生活主要表现在对于"我是谁"的自我认同感。人在生产自身生活资料的过程同时也是自我确证的过程，是不断探索和回答"我是谁"的过程，如泰勒所言，对于"我是谁"的回答过程，也就是获得"自我认同"的过程。在实际生活中，当"泡吧"、"蹦迪"、"健身"也成了一种标榜时髦精神生活方式的时候，往往偏离了精神生活的本质，使人"为他们自觉的肉体上和精神上的短视所奴役"[1]，从而陷入虚假和肤浅的精神生活方式。卢卡奇的"物化的结构"、雅斯贝斯"本质的人性降格"[2]、鲍德里亚的"符号的异化"，使人对于"我是谁"的回答建立在对转瞬即逝的商品和"快文化"的追寻上，人对"我是谁"的回答就是通过"我拥有什么"来界定的。"名表"、"豪车"、"限量版"、"别墅"成了彰显身价的物品，认为这是人获得自我认同和社会地位的方式。然而，人的精神属性和精神生活是一种自我觉察、

---

[1] 《马克思恩格斯文集》第9卷，北京：人民出版社，2009年，第309页。
[2] 〔德〕卡尔·雅斯贝斯：《时代的精神状况》，王德峰译，上海：上海译文出版社，1997年，第40—41页。

自我感知、自我反思的宁静生活方式，往往与浮华的物质生活无关，甚至浮华的物质追求往往会侵蚀人的精神空间，使人陷入空虚和焦虑中。从根本上而言，人的精神属性总是蕴含着社会制度的价值尺度、审美原则和人性依据等问题。因此，导致这一现象的根本原因在于制度正义的结构体系存在较为严重的缺陷：经济制度创新过多，政治制度创新及文化制度创新过少。因此，制度正义不仅应当注重人的自然属性，而且还应注重人的精神属性，注重精神文明建设，引导人的精神价值取向，如重读经典、打击文化毒瘤等，不断净化精神环境，促进人生境界的升华。

制度正义应当排除特权因素在社会关系中的干扰，保证人的发展机会的平等。现实的人从根本上来说是生活在社会关系里的人，其本质属性是社会属性。黑格尔认为是一个人的出身而不是社会关系使其成为君主。马克思将之批判为"动物的世界观"。也就是说，黑格尔只是通过肉体出生说明君主是生出来的，但并没有说明使其成为君主的是社会关系。人通过出生获得自然生命和肉体存在，但真正使君主成为君主的是他的社会关系，确切地说，是不正义的世袭制度。人在出生伊始，不仅获得了自身的生命存在，而且还获得了自己的社会属性。显而易见，不合理的世袭制度是君主获得特权的根本原因。也就是说，一个人正是通过某种制度才成为君主或臣民、封建主或农民、资本家或工人。因此要想实现正义，制度的"应得"标准不应建立在出生、血统等道德偶然性因素上。而是应当打破人的先天性屏障，更强调人的起点平等，强调个人的努力和奋斗在分配中的作用。但事实上，有些具体制度仍然存在不正义。例如户籍制度、学区房制度、教育制度等成为决定人们是否具有教育机会、就业机会、政治机会甚至享有社会福利机会的决定性因素,从而造成不公平的加剧。在现代社会,通过出身获得的特权主要表现为资本和权力,资本具有明显的可遗传性和可继承性,可以通过直接的血缘关系获得,而权力具有隐性的可继承性,它通过潜在的控制社会资源和社会资本的方式发挥作用,从而实现代际遗传。因此一个正义的制度必须破除特权因素的干扰。制度正义的合理性和正当性不应建立在血缘、地缘等自然因素上,而是更应该强调努力和奋斗,防止特权因素的干扰,保障人的自由和平等。

在归根结底的意义上,制度正义应当为每个人的个性发展提供有效保障。虽然人是生活在社会关系中的个体,人的本质受社会关系的决定,但是并不意味着人的独立个性的丧失。每个生命个体都从事着自我创造、自我完善的生命活动,并在其中塑造自身的独特个性,使其成为拥有独立人格的个体。因此,制度正义应当保证的不是人的自由全面发展,而是每个人的自由全面发展,是以每个人的个性发展为前提的全面发展。与此相联系的是,人的活动的积极性、主动性和创造力都决定着人的发展的丰富性和全面性。因此,现代制度正义应当激发人的自由创造、鼓励发展而不是压制人的自由个性,并进而形成一种朝气蓬勃且价值多元的社会景象。最后,生产力的发展和社会分工促进了人的差异化发展,并打破了人作为自然经济人的同质性,造就了人的需要的多元化、利益的多样化、能力的差异化,并最终使人的活动和能力具有了异质性。相应地,现代制度应当尊重和满足人的差异化发展。

从根本上而言，人们的自然属性、精神属性、社会属性只有在实践中才能得到充分实现，比如人们的生产劳动、认知活动和交往活动等。实践活动是确证人的本质属性、实现人的本质力量的主要场域。虽然由于计算机技术和人工智能的发展，人们的劳动方式、交往方式和社会关系发生了很大变化，这必然会使人们的本质属性发生一些变化，如物质属性将被弱化，精神和社会属性将被强调。但无论人的本质属性发生哪些变化，它都要在实践中生成，并在实践中实现，这是不能也不会改变的。这就要求我们要以实践的思维方式来正确看待制度正义的设计和建构，以实践的方式来实现制度正义。在这种意义上说，实践活动不仅构成了制度正义生发的现实起点，也构成了思考和建构制度正义的方法论依据。

第三节　以实践活动为基础而不是理性的建构

唯物史观在制度正义的议题中，不仅作为基本的立场奠定理论方向，而且作为决定性方法锚定理论性质。当代制度正义理论的主流方法是理性主义的建构方法，主要包括两个特点：首先，它致力于寻找一种完美的正义原则而不是在正义和不正义之间进行比较；其次，为了寻求完美的正义原则，这一方法主要聚焦于设计和建构完美的制度而不是关注现实生活。从根本上而言，从建构论理性出发的制度正义理论不是立足于现实生活的不正义事实而总结出来规范人类行为的社会规范，而是通过寻求完美的正义原则来设计一种正义的制度，以此来规范人的社会行为。从理性建构出发去建构和审视制度正义，虽因其承诺的具有普遍性的美好理想而吸引人，但只不过是"先验主义的方法的另一种说法"①罢了。什么是"建构主义"？"建构主义"最早由罗尔斯在《道德理论中的康德式建构主义》（1980）中提出，并在《康德道德哲学诸命题》（1989）中做出进一步解释。在罗尔斯的定义中，建构主义致力于建构一种关于价值观念之层级和内容的观点。一旦实现反思平衡，正义（层级和内容）的原则就可以被理解为某种理性建构的结果。在原初状态这个理想装置中，理性的行为主体必然选择两个正义原则来作为社会制度的首要价值原则。建构主义（不管在任何时刻）只有达至反思平衡，制度正义才可以通过选出的正义原则来规范社会秩序和社会关系，反之则无法实现。

　　罗尔斯政治建构主义的方法是对康德建构主义方法的批判性继承。先验建构主义方法是源自社会契约论者霍布斯、卢梭、洛克等人，由康德首次明确加以规范的一种社会科学方法。政治建构主义作为由自然科学领域移植到人文社会科学的方法，并非是一种创新性方法。根据康德的理解，所谓建构即把理性思考的一切知识结果视作人类理性的建筑物，在理性的先验中察觉到一些理性的建筑材料，并判断这些理性材料适合于建筑物的何种位置和高度。罗尔斯之于建构主义的创新是反思平衡法。罗尔斯致力于构建规范社会秩序和社会结构的制度正义，反思平衡法就是生活在原初状态的理性

---

① 《马克思恩格斯选集》第 3 卷，北京：人民出版社，2012 年，第 473 页。

人把这些理性材料通过深思熟虑的判断进行过滤和修正,使这些理性材料成为建构制度正义的合法性确证。因此,政治建构主义的反思平衡法,政治结构的建构是目标,理性的反思平衡是手段,旨在实现合理的先验建构。

反思平衡法作为一种诉诸人的理性判断选择最优正义原则的方法,其特征尤为表现为正义原则并不是先验自明的,而是经过理性人的深思熟虑的判断、修正和过滤之后形成的价值原则,使之作为社会基本结构的道德原则。反思平衡法分为狭义反思平衡法和广义反思平衡法。前者是在道德判断和价值原则的基础上进行理性思考,使二者不断适应;后者是在道德判断、价值原则和背景知识三者之间进行理性判断。丹尼尔斯作为罗尔斯理论的专家精准地察觉到了二者的区别,并细致阐明了二者之间的区别。他认为,狭义反思平衡法的致思路径可分为两个基本步骤:(1)一系列由理性人在特定背景下选择的深思熟虑的正义原则;(2)使(1)系统性抽象性的普遍的正义原则。然而,这种理性演绎的融贯性考量对于论证正义原则的正当性而言是不充分的,因为这里还充分考量一个现实性因素:理性人的道德判断在很大程度上无法摆脱自身立场、知识体系等因素的限制。为了解决这一理论困境,丹尼尔斯转向广义的反思平衡,在他看来,广义的反思平衡法才是罗尔斯制度正义理论的基本方法,并为之做了有力的捍卫。这种反思方法不同于狭义反思平衡法的二层化结构,而是呈现为三重序式结构:道德判断、价值原则和背景理论。为何会附加一系列的相关背景理论,因为:(1)在无法保证原初判断的情况下,有利于保证判断的正确性,从而避免一系列错误判断；（2）为道德判断提供相对于深思熟虑的判断更为完善的支持和保障；（3）能够有效地避免道德判断的抽象化倾向，从而产生出关照事实的道德原则。因此，我们可以认为广义的反思平衡法包含四个步骤：第一，通过狭义反思平衡在深思熟虑的判断和抽象的道德原则之间进行比照和修正，使二者处于平衡；第二，程序设置阶段，对理性人进行一系列预设，比如立场预设和知识预设等；第三，一系列的背景理论阶段（程序正义装置，人性理论，道德理论等），该背景为广义的反思平衡提供可靠的参照点；第四，正义原则的可行性实验，该阶段检测理性抽象演绎出来的道德原则的现实可行性。据此，针对一些所谓的反思平衡法难逃主观主义的窠臼的指责，罗尔斯就基于制度正义的方法论立场做出回应和辩护：正义二原则并不是西方理性传统所言的绝对真理，也不是理性推演的结果，而是融合了事实和理性融贯一致的结果。

概括地讲，广义的反思平衡法可以对社会事实进行理性反思，从而发展出关照理论和现实的价值原则，以更好地针对事实问题。尼尔森认为，广义的反思平衡法类似唯物史观的辩证法，兼顾具体的社会现实与抽象的价值原则，在理论和现实、事实与价值之间架构了一条可行性路径。也就是说，道德原则并不具有必然性和确定性，而是现实和实践双向互动、彼此适合的结果。因此，广义的反思平衡并不是无涉事实的，而是敏于事实的。然而，这一方法还内隐着一些不可避免的问题。

虽然罗尔斯宣称正义二原则是动态的，但其规范性理论所极力证明的一个结论是，经过反思平衡得出的道德原则是一种必然性选择，是最优的正义原则。因此，罗尔斯制度正义理论依循这两个正义原则致力于建构一种关怀处境最不利者的社会结构，建构了一种理性演绎的绝对真理体系，从而并未给予其规范性原则需要进一步修正的空间，最终形成了使其制度正义理论成为一种历史性原则和抽象性原则之间无法平衡的相悖性理论。简言之，反思平衡法无法在事实和原则之间形成真正的平衡，而最终滑向普遍原则的窠臼。进一步来说，反思平衡法虽然考量了一系列的背景知识，但背景知识也是罗尔斯程序设置的结果，因其最终目的是达至规范性原则和道德判断之间的动态平衡，也就是说，罗尔斯的制度正义致力于建构这样一个理论支点：通过原初状态中的人的理性演绎从特殊条件中抽象出普遍的道德原则，而那些特殊条件中并不是真正关照事实的，依然是理性设置的结果。

正义二原则之所以是撬动罗尔斯正义理论的杠杆，并不是因为它敏于事实，而是因为符合理性人的直觉。也就是说，广义的反思平衡虽然主张形成一种事实与规范之间的平衡，但其根本上是诉诸直觉的。一方面罗尔斯强调不能扩大直觉的论证作用，但另一方面罗尔斯却将其理论杠杆置于理性人的直觉之间。例如，他将理性人置于无知之幕的背景之下以保证正义二原则的优先性，但是为什么只将正义二原则视为理性人理性演绎的结果，一些理性能力欠缺的人的正义诉求如何保障；抑或缘何设置无知之幕的理想设置，如何关照人的特定的历史环境和具体的生存境遇？概言之，基于无知之幕中的理性人的直觉得出的正义原则如何保障其普遍性？事实上，诉诸理性人的直觉如同古典自由主义者诉诸理性建构一样，归根结底是出于理论论证的必要而设置的先验条件。因此，其现实可行性以及使用范围依然无法避免哲学的追问，并非不证自明的。

诚如金里卡所言，反思的平衡法除了诉诸理性人的直觉以外，还求助于社会契约的运思逻辑。虽然罗尔斯的制度正义理论试图对传统社会契约论进行改良，以关照社会事实并设置程序正义的理想装置：原初状态。但是，原初状态的设计与广义的反思平衡法不可兼容，换句话说，原初状态是不敏于事实的。也许有人持有不同的立场，认为原初状态只是一种理论预设，而不是一个真实的历史时期。建构任何哲学理论都需有一个理论预设，原初状态就在于确证罗尔斯制度正义理论的逻辑起点。然而这并不能说明无知之幕是敏于事实的，在归根结底的意义上，它是与事实完全无涉的，是无法在社会历史中真实存在的纯粹假想，甚至比古典契约论在先验思辨的道路上走得更远。因而，宣称敏于事实的动态的正义原则最终陷入一种纯粹的理性假象，而无关事实。概括地讲，虽然广义的反思平衡在关照事实方面相对于古典契约论向前迈进了一步，但最终因其诉诸理性思辨而滑向普遍原则的理论误区，无法祛魅康德哲学的先验外衣。

在契约论者的思想研究中，将价值原则视为诉诸理性而顿于事实的，导致实践理性最终沦为普遍原则。不同于契约论者追寻普适性的抽象原则，实践理性追寻的是现实的人的自由个性的全面解放。普遍原则是理性演绎的最终产物，实践理性却是探求基于生产力的不断发展而实现人类解放的可行路径。实践理性以其现实性的品格超越了普遍原则的抽象性,弥合了理论与现实的沟壑。实践理性不仅具有解释世界合理性的科学性,而且具有反思现实合理性并不断基于实践的生成性而改造世界的革命性。"普遍原则"是对具体事物的共同性概括,一些习以为常的概念如"权利""正义""自由""平等"等都是指代作为高度抽象化的抽象性价值。"普遍原则"和"实践理性"的区分,以及对普遍原则的批判,使唯物史观和自由主义具有异质性的方法论属性。

因而,应当重新审视政治哲学的一般性命题,如自由、平等、正义等,回归唯物史观走向历史深处把握现实世界的理论穿透力,这就要以审慎的思辨精神区分普遍原则和实践理性之间的本质区别,激活制度正义的鲜活生命力。反之,误用"普遍原则"而陷入绝对主义。理想主义、乌托邦主义的唯物史观制度正义理论就如同唯物史观所批判的小资产阶级、空想社会主义者所开出的社会药方:要么为当下社会现实进行理论辩护,要么换汤不换药地对当下社会的不合理性进行隔靴搔痒式的辩护。要完成"实践理性"对"普遍原则"的异质性超越,唯有诉诸实践活动才能完成。

不同于建构主义者以抽象原则解释世界的辩护性理论,唯物史观以实践活动作为改造世界的根本支点,具有穿透现实世界虚假合理性的批判性。但实践活动的批判性并不是形而上学式的否定性,而是揭示普遍原则所代表利益的特殊性。因而,实践活动的方式不仅仅是为了批判旧理论而批判,也不是为了建构一种新的理论而进行的概念游戏,而是为了揭露资本主义制度的虚伪性,将其剥削本质一览无余地展露出来。唯物史观的实践活动也就超越了理性建构的先验预设性——普遍原则不是先在的，而是基于现实的个人历史活动的生成性动态原则，这和永恒的普遍原则截然相反。因此，与实践原则的生成性相一致，唯物史观制度正义理论也不是目的论，而是"辩证—批判"的制度正义理论。"辩证—批判"不仅是实践活动的生成性体现，也是唯物史观以之作为关照社会现实的革命性态度。

实践活动不仅是唯物史观制度正义在人类历史中得以持存和不断生成的基点，更是其批判性和历史性的理论特点在当下社会中被正确理解的支点。唯物史观制度正义并不是以抽象原则替代抽象原则，也不是其人类解放理论的一个理论支线，而是以物质生产实践不断推动基于历史正当性的无产阶级革命的同时，产生实施历史性改革的理论信念和现实动力。如果要深入探讨唯物史观制度正义的丰富内蕴，不仅需要洞察理论的历史性和生成性穿透历史的生命力，还需要穿透历史表象寻求事件真实性的实践信念。此时，制度正义就不再是仅被呼唤却在人类历史场域中确实的虚假实体，人类解放也不以自由主义者宣扬的政治解放命名，而是对人类历史中由于利益冲突和分配而产生的非正义的彻底扬弃。

也就是说，制度正义只有从实践活动出发，遵循其内在的现实品格，才能使制度正义经过感性具体—抽象—理性具体的上升，具有普遍"适用"意义的必然"正当"性。实践活动是人本源性的生存方式，这是唯物史观在哲学史上的重要洞见，其最重要的贡献就是消解了从终极的先验原则和最高真理出发理解事物的思维方式和理论逻辑，要求从实际的实践活动过程理解人、制度和人与制度关系等一切社会历史问题。从人的实践活动出发，必然承认人的实践活动规定了制度正义的生成、内涵与表现形式。根据唯物史观，实践活动具有历史性、具体性和丰富性等最为基本的特点，相应地，从实践活动生成的制度正义也兼具现实性与理想性，并不断向未来生成的一个有机整体。

从实践活动的历史性出发，决定了制度正义是理想与现实的统一，是分阶段实现的。人的实践活动不是纯粹的思辨逻辑或者先验教条的产物，而是基于某种具体历史情境的不断展开和创造性活动。无论是个体、集体、民族和社会，不同主体的实践活动总是受制于特定的文化、历史、生产力发展水平等特定的历史情境，而不是带着先验的而展开的思辨性创造活动。这就决定了在人类实践活动中设计和建构的制度正义必然不是逻辑思辨的产物，而带有某种历史的烙印。换言之，从制度正义的视角来说，制度正义作为规范人类社会行为、维护社会良序运行的价值规范，必然具有可行性。从制度正义的可行性出发，其设计、建构和运行必然要考虑特定的历史情境。因此，基于制度正义的可接受和可承受性等角度，必然要把制度正义的终极目标分为若干具有可行性的从低到高的价值目标。人们根据每个社会阶段的特定历史情境制定出相应地具有可行性的制度正义。每个历史阶段的具体的制度正义必然与其终极目标相一致。这样，基于特定历史发展阶段而设计和建构的制度正义既具有理想性，又具有现实性。例如，按需分配作为经济分配领域的终极价值目标，根据经济基础和生产力发展水平的不同可以划分为按劳分配、按需分配。在历史的发展中和现实社会的实践中出现过或将出现与按需分配相关的经济制度模式有：以按劳分配为主体，多种分配方式相结合的分配正义。因此，制度正义不是一蹴而就的，而是分目标实现的，是历史与逻辑、现在和未来、理想和现实的统一。

从人类实践活动的具体性出发，这就决定了制度正义具有多元性，其内部呈现为一个和谐有序的规范体系。人类实践活动既有属于个人的私人生活领域的实践活动，又有属于公共生活领域的实践活动。人们的公共实践活动又可分为社会领域的实践活动、政治领域的实践活动、经济和文化领域的实践活动，并在不同领域相应地形成了不同形态的制度正义。这些领域作为人类实践活动在现实层面的多元化表现，它们之间绝非孤立的，而是密切相关的。相应地，在人类实践活动中生成的制度正义就形成了一个既相互区别又相互独立的有机系统，制度正义根据人类实践活动的具体形式分解出它的基本内容，而不是寻求抽象的正义原则。例如，制度正义既可根据其性质分解为政治制度正义、经济制度正义、社会制度正义、文化制度正义，还可以根据其相应领域的实践活动形式，将其包含的内容分解为人格平等、机会平等、结果平等，等等。诚如沃尔泽的"多元正义"和"复合平等"[1]理论所描述的那样，并不存在一个适用于现实社会中的所有分配领域的正义原则和价值规范，诸如资格、权利、荣誉、住所、义务、教育、医疗、安全，以及工作

---

[1] 〔美〕迈克尔·沃尔泽：《正义诸领域》，褚松燕译，南京：译林出版社，2002年，第13页。

和休闲等分配领域都遵循着各自相应的分配原则和价值规范。也就是说,不同的社会生活领域遵循着与之相适应的正义原则和价值规范。沃尔泽的这一分析视角无疑对现代社会的领域分化以及与这一趋向相应的制度正义的分化与探讨,具有启示性意义。

从实践活动的丰富性出发,这就决定了制度正义具有多层次性和多面向性。实践活动作为人的能动意识的反映,根本上是人的自由自觉的创造性活动。不同于动物出于本能的单一而被动的活动,人的实践活动可以在遵循客观规律的前提下,按照任何物种的尺度进行活动,并在多种多样的实践活动中打破某种抽象力量(比如分工和私有制)造成的"愚蠢而片面"的人,使人的本质处于不断的实践生成中,创造着具有"丰富的、全面而深刻的感觉的人"[1],这不仅是实践活动的价值旨趣,也是人的本质要求。二者是不断的相互证成过程。实践活动的丰富性和生成性就决定了在人的实践活动中生成的制度正义不可能是片面而单一的价值体系,而是如同人的实践活动的丰富性一样,是多层次和多面向的,并且处于面向未来的不断生成和开放过程之中。

可见,实践活动的历史性、具体性和丰富性与普遍性的制度正义在本质上是不相容的。人类实践活动具有历史性、具体性和丰富性,相应地,在此基础上生成的制度正义也具有历史性、具体性和丰富性。此时,如果以普遍性的制度正义去规范人类实践活动,也就是以同质性的社会规范去宰制具有异质性的多元化的人类行为。

---

[1] 《马克思恩格斯全集》第 42 卷,北京:人民出版社,1979 年,第 126 页。

因此，普遍主义的制度正义成为现实生活的出发点和归宿，这等于否定了现实的人的社会生活的多样性。从实践活动出发体现的是人们面对现实问题中思维方式和理论范式的重大转变，即从理论哲学的思维方式和理论范式向实践哲学的思维方式和理论范式的转换，并以此驳斥和否定普遍性的制度正义，从而恢复制度正义基于现实、面向未来的鲜活生命力。

第四节 根本评价尺度：谁的利益？

制度正义不仅是人们认识和建构的对象，又是人们评价的对象。它反映的是生活在制度里的人与制度之间的价值关系，是人们对制度能够满足主体的需要和利益所做出的肯定性判断和评价。换言之，制度正义是主体在科学认识制度的基础上，根据主体自身需要和利益的内在尺度而建构的价值规范。"人们奋斗所争取的一切，都同他们的利益相关。"[1] 制度正义从根本的价值立场上反映的是人的需要和利益与制度客观属性之间的关系，表现为人们对制度能否维护人的利益和满足人的需要所做出的判断。因此，当判断和评价某一制度是否正义时，必须明确是"以谁的利益"为根本尺度。正是对应当"以谁的利益"作为制度正义的评价尺度的思考和探索，使马克思跳出了市民社会与国家二分的制度框架，最终立足于

---

[1] 《马克思恩格斯全集》第1卷，北京：人民出版社，1956年，第82页。

"社会的现实发展"形成了以人民利益为根本评价尺度的制度正义理论。

借用马尔库塞的表述,制度正义"不是个中性词;它向科学的目标前进,而这些目标是由改善人类状况的可能性来规定的"①。既然制度正义不是一个无涉人类生存境况的中性词,这就意味着制度正义内嵌着主体的需要和利益,必须把主体的需要和利益作为制度正义追求的价值目标和评价制度正义的内在尺度。这就是说,制度正义的评价维度体现的是主体对未来美好的期许和追求,而且不同的主体对未来有不同的期许和追求。不同的个体和群体由于他们的利益和需要不同,以及反映这种利益和需要的立场和观点不同,必然对制度正义做出不同的价值评价。因此,对同一制度正义的价值评价必然出现多样化甚至矛盾性,主要是对制度正义做出评价的主体自觉不自觉地代表着某种利益。古人云:"天下熙熙,皆为利来;天下攘攘,皆为利往。""人们奋斗所争取的一切,都同他们的利益相关。"②"这种利益是如此强大有力,以至顺利地征服了马拉的笔、恐怖党的断头台、拿破仑的剑,以及教会的十字架和波旁王朝的纯血统。"③因此,虽然评价制度正义有很多标准,但归根到底是人的需要,也即人的利益。

在制度正义的评价问题上,同样是讲利益尺度,由于对以谁的

---

① 〔美〕赫伯特·马尔库塞:《单面人》,左晓斯等译,长沙:湖南人民出版社,1988年,第13页。
② 《马克思恩格斯全集》第1卷,北京:人民出版社,1956年,第82页。
③ 《马克思恩格斯全集》第2卷,北京:人民出版社,1957年,第103页。

利益作为评价尺度的理解不同,最后导致的评价结果也不尽相同。通常来说,任何一个现实的主体必然具有个体、群体和社会等不同形式。因此,主体利益也具有个人利益、群体利益和社会利益等多种表现形式。作为评价尺度的个人利益和社会利益便展现为评价的个体标准和社会标准。确定的是,个人利益和社会利益并不必然是非此即彼的对立关系,但它们也不总是相同或一致。"随着分工的发展也产生了单个人的利益或单个家庭的利益与所有互相交往的个人的共同利益之间的矛盾。"① 因此,根据个人标准和社会标准来评价制度,会得出截然不同甚至迥然对立的结论。那么,应当如何面对这种对立,如何处理这两种评价尺度之间的关系,是我们应当解决和澄清的问题。在当今学界,关于这一问题,总是存在着两种不同的立场:自由主义和社群主义。

个人利益优先是自由主义秉持的制度正义的评价尺度。自由主义作为西方政治哲学的主流思想,尽管此间发生诸多变化,但它强调个人权利本位,认为制度正义就是保障个人的基本权利。自由主义者的当代代表罗尔斯对功利主义"最大多数人的最大幸福"的制度正义的评价尺度加以批判,认为以这一原则为基础建立的制度容易以社会利益之名,侵犯个人的权利和社会成员的自由。为了避免这一后果,必须坚持"权利优先于善"这一价值原则,即将个人权利作为制度正义的评价尺度。罗尔斯认为:"在一个正义的社会里,平等的公民自由是确定不移的,由正义所保障的权利绝不受制于政

---

① 《马克思恩格斯文集》第1卷,北京:人民出版社,2009年,第536页。

治的交易或社会利益的权衡。"① 在这里，不受社会利益权衡的"平等的公民自由"便是一种"个人利益"，而社会利益是指"社会合作"的共同利益。自由主义国家保障的共同体成员的利益，既涉及每个共同体成员的利益，也促进社会公共利益。可以看出，罗尔斯虽然在制度正义的评价尺度中为共同善预留了一席之地，但个人利益仍然具有评价上的优先性。个人利益之所以具有优先性，源自于自由主义的自我观："无拘束的自我"。这一自我观认为个人应当拥有这样的自由：可以对生活于其中的社会常规持一种怀疑和质疑的态度，又可以放弃那些认为不再具有追求价值的社会常规。因此，不能通过个人生活于其中的特定的政治、经济、文化、社会关系来定义个人，因为个人有质疑和拒绝任何社会关系的权利和自由。此时，如果用一种作为社会合作的公共价值或共同善去阻止这种自由和权利，那就是对人的自由和权利的无理限制。总体而言，自由主义的制度进路虽然强调"正义优先于善"，但也为作为共同善的"社会利益"保留了阵地。因为自由主义国家的政治目标就是促进其共同体成员的利益，实现和保障正义社会的基本制度既保障每个公民的个人利益，也保障整个社会基本的社会利益。因此，自由主义的制度正义建构总是以"公民自由"为轴心，按照个人的价值偏好进行调整，经过"重叠共识"沟通个人利益和社会利益，并通过公民的"正义感"使保障个人利益的制度正义具有稳定性。

---

① 〔美〕约翰·罗尔斯：《正义论》，何怀宏等译，北京：中国社会科学出版社，1988年，第4页。

不同于自由主义，社会利益优先是社群主义秉持的制度正义的评价尺度。社群主义认为生活在"共同体"中的人不是作为一个个孤立且分散的"原子"存在，每一个个体都是由社会构成且作为一个"镶嵌的自我"内嵌于自己所属的社群。这是一种不同于自由主义那种"无拘束的自我"的自我观，而是一种社会的自我概念。任何个人都不能脱离自己所属的社群及其生活方式，否则就会产生一种认同危机。因此，每一个个体的存在都依赖甚至嵌入共同体之中，个体在社群生活中不仅可以克服"无方向感"的认同危机，甚至可以形成对共同体的价值认同——共同善。这种"共同善"并不指向单个人的个体行为以及个体在共同体中扮演的特定社会角色，而是指向个人所扮演的社会角色在共同体中的呈现方式。也就是说，这种社会的自我概念将个人深深嵌入群体之中的同时，也将共同善置于绝对的先在性与永恒性地位，"个人善"只有在"共同善"中才能实现。在社群主义的代表人物桑德尔看来，罗尔斯的"公平的正义"理论看似是为了实现整个共同体的"共同善"，但其正义二原则的价值排序仍然囿于"个人利益优先"的评价体系中，"共同善"也只能成为"个人善"的附属品。社群主义强调"共同善"，尤其将"共同善"称为最高级的善，而且认为"个体善"必须服从"共同善"，即个人利益必须服从社会利益。就此而言，恰恰相悖于自由主义"个人利益优先"的制度正义的评价尺度。社群主义强调"社会利益优先"的制度正义的评价尺度，而这种社会利益是由社群的生活方式所界定的一种关于"优良生活"的价值理念。这种社会利益不取决于个人的价值偏好，反之，它为评价那些偏好提供了一个标准。

比较自由主义和社群主义的制度正义的根本评价尺度，具有以下两点不同：一是自由主义认为个人利益优先，应当以个人利益作为制度正义的根本评价尺度，社会利益充其量是评价制度正义的副产品；社群主义认为社会利益统摄个人利益，应当将社会利益作为评价制度正义合理性和正当性的根本尺度。二是自由主义将国家是否保障个人利益尤其是私有财产，而对社会利益保持中立而不加干涉作为制度正义的评价标准；社群主义将国家或政府是否对公共利益做出承诺和担负责任作为制度正义的评价标准。虽然自由主义和社群主义持有看似截然不同的制度评价尺度。但是，自由主义不是不要社会利益，社群主义也不是不要个人利益，它们的区别仅仅在于，当个体利益和社会利益发生冲突，或者说是二者不可兼得时，何者居于优先地位。诚如柯亨所言："社群主义者比自由主义者更看重社会方面的规范。他们把自己看作不能改变地与他人结合在一起，认为社会对他们的生机富有责任。相反，自由主义的个人主义者更看重个人方面的规范，国家存在只被设计使个人追求自己认为有价值的规划。他们把个人看作对他们自己的生活有很大程度的控制能力，并且负有责任。"[①]

在唯物史观的语境中，无论是以个人利益优先还是以社会利益优先作为制度正义的利益评价机制，实质上都是对市民社会与政治国家二元对立结构中个人与社会、个人利益与社会利益矛盾的反

---

① 〔英〕科恩：《拯救正义与平等》，陈伟译，上海：复旦大学出版社，2014年，第216—217页。

映。换句话说，无论是自由主义还是社群主义都是对政治国家与市民社会这一制度二分结构的意识形态表达，因此，二者都已经先行预设了现代制度结构的合法性，把现存制度合法化、永恒化，并以此为参照系来考察和实现人的利益。当然，这只是对个体和类、个人利益和社会利益、市民社会和政治国家分裂关系的一种抽象的说明方式，"……那种单个人对社会的要求是由形而上学的两面即个别性和普遍性的虚构的相互关系引申出来的，而不是由社会的现实发展所产生的。为此，只需要把个人宣布为个别性的代表、它的体现，而把社会宣布为普遍性的体现，整个戏法也就变成了"①。因此，应当立足于个体和社会的分裂是由"社会的现实发展所产生的"这一基本事实，而不是立足于思辨逻辑的推演去先验地宣布或决定的，并以此出发去客观和科学地探寻制度正义的根本评价尺度。

因此，唯物史观最终要立足于"社会的现实发展所产生的"这一基本事实，而不是立足于思辨逻辑的推演去探寻制度正义的根本评价尺度。不从"社会的现实发展"去理解和探索制度正义的根本评价尺度，那么"自然就要得出世界上最荒谬的结论"②。自由主义和社群主义虽然在制度正义的根本评价尺度上具有不同的价值取向：个人利益和公共利益，但是二者都立足于市民社会这一社会现实。市民社会作为已经解体的社会的消极的历史成果，在其中，只有利己主义的和抽象的个人才是真正的人。因此，个人主义与市民社会作为现代性的产物，具有内在必然性，或者说，二者构成了现

---

① 《马克思恩格斯全集》第 3 卷，北京：人民出版社，1960 年，第 563 页。
② 《马克思恩格斯全集》第 3 卷，北京：人民出版社，1960 年，第 215 页。

代性的不同表征维度。因此,以个人主义为精神内核的自由主义对制度正义的根本评价尺度的回答,只不过是市民社会中利己主义精神和抽象个体意识的表达,确切地说,是"资产阶级的现实利益的唯心的表达"①罢了。也就是说,自由主义制度坚持和维护的是资产阶级的特权利益。就社群主义而言,虽然坚持以公共利益为制度正义的根本评价尺度,但是在现代二元结构中社群主义往往用集体、群体的利益压制或剥夺个人、私人的利益,最终沦为少数人用来谋取自己利益的遮羞布,"这些利益又是一定的社会集团的共同特有利益,即阶级利益等等"②。也就是说,不管是坚持自由主义制度保障的个人利益,还是社群主义的共同体制度保障的社会利益,都只是无批判地囿于政治国家和市民社会二分这一制度框架中,这不仅导致两者之间不能相互克服,而且还存在两级相通,最终都是以阶级中的少数人的特权利益作为制度正义的根本评价尺度。正如麦克莱伦所指出的:"法兰克福学派看到了资本主义与法西斯主义之间一种直接的关联,即资本主义经验逐渐向垄断的方向演进,由此,自由主义也向极权主义演化。"③一言以蔽之,不管是自由主义的个人利益,还是社群主义的社会利益,最终坚持的都是以特权利益也就是少数人的利益作为制度正义的根本评价尺度。

唯物史观中制度正义的根本评价尺度,不同于自由主义与社群

---

① 《马克思恩格斯全集》第3卷,北京:人民出版社,1960年,第216页。
② 《马克思恩格斯全集》第45卷,北京:人民出版社,1985年,第647—648页。
③ 〔美〕戴维·麦克莱伦:《马克思以后的马克思主义》,李智译,北京:中国人民大学出版社,2004年,第290页。

主义囿于市民社会与政治国家二分的制度框架先验地宣布个人利益与社会利益的对立，而是试图从根本上探究个人利益和社会利益这种冲突赖以存在的现实根源，提出资产阶级国家不像黑格尔所说的那样，是理性的体现和普遍利益的代表，说到底不过是一个"虚假的共同体"。要彻底地解决利益冲突问题，关键是要克服制度障碍，解决资本家与劳动者的对立关系问题。也就是说，要能够真正协调个人利益与社会利益的冲突，只有通过无产阶级运动，变革资本主义制度，建立自由人的联合体。"过去的一切运动都是少数人的，或者为少数人谋利益的运动。无产阶级的运动是绝大多数人的，为绝大多数人谋利益的独立的运动。"[1]根据这一理论逻辑而得到论证的制度正义的评价尺度，必然要由少数人垄断的利益转到绝大多数人的利益，即人民利益。借用麦金太尔的说法，唯物史观存在着一种正义观，并且这种正义观具有鲜明的阶级立场，其主张的正义不是从少数从事精神活动的人的利益出发的正义，而是从广大从事物质生产者的利益出发的正义；从而保障的也不是少数精英的利益，而是广大人民群众的利益；因此也不是为掌握着生产资料的剥削阶级服务的正义，而是为了人的发展和解放的正义。

以人民的利益作为制度正义的根本评价尺度，强调生产（劳动）主体而不是资本与利益主体的统一。根据唯物史观原理，物质生产是人类赖以生存、人类社会赖以存续的根本动力，从事物质生产实践的主体不是资本所有者，而是广大人民群众。因此，基于物

---

[1]《马克思恩格斯文集》第2卷，北京：人民出版社，2009年，第42页。

质生产实践在唯物史观中的基础性地位，必然坚持生产主体和利益主体的统一。因而，基于唯物史观的内在逻辑，制度正义也必须坚持以广大人民群众的根本利益为其根本评价尺度。与此同时，需要澄清以下两个问题：一是强调物质利益的基础性地位，但并不意味着否定精神利益在制度正义的评价中拥有一席之地。物质生产较之于精神生产的基础性地位，只不过强调精神生产虽然具有相对独立性，但从根本上是不能脱离物质生产而孤立地存在。从事精神生产的劳动者，其本身就是广大人民群众的有机组成部分。二是强调生产（劳动）主体与利益的统一，并不意味着拒绝或忽视那些丧失或不具有劳动生产能力的人的利益，乃至表现出对"社会不利处境者"的冷漠。与自由主义者秉持的个人主义思维方式不同，唯物史观从根本上秉持的是整体性思维方式。将这种思维方式运用到制度正义的评价尺度的讨论中，所讨论的不是某个人、某个集团甚至某个阶级的利益，而是坚持以整个社会的利益为制度正义的根本评价尺度。也就是说，虽然唯物史观并没有像有些自由主义者比如罗尔斯和阿玛蒂亚·森一样强调弱势群体的利益，但是对社会弱势群体的利益已经整合在其整体性思维方式之中。因此，基于人道主义的立场将社会弱势群体的利益纳入制度正义的根本评价尺度之中，是唯物主义思维方式的内在要求。尤其在《哥达纲领批判》中，马克思专门表现出了对由自然因素或者社会因素导致的社会不利处境者的人道主义关怀。给予那些丧失或不具有生产能力的弱势群体以人道主义关怀和制度层面的正义保障，是唯物史观的内在精神和理论品格。

第五节　不同社会形态下的差异性表现

综上，制度正义的独特性与科学性恰恰在于，它植根于历史分析，同时又指引着历史分析。之所以在历史主义原则中构建具有批判性的制度正义是可能的，是因为经济基础尤其是生产方式的内在矛盾与发展趋势能够合理地抽象出兼具现实性和理想性的制度正义。这也正是唯物史观不同于其他方法的地方，不是将不同形态的制度正义看作相互独立的价值规范，而是将它们看作统一过程来进行扬弃。不同形态的制度正义之间的统一或区别不仅是因为它们在逻辑上存在一致或差异，更在于这种逻辑上的一致或差异是在现实的历史过程中形成的。因此，唯物史观视域下的制度正义在不同社会形态下的差异呈现为一种历史性的差异，而不是逻辑上的二元并置。唯物史观中的制度正义之差异化表现可以从多维度加以把握，但从根本意义上而言，制度正义在不同社会形态（资本主义和社会主义）中的差异化主要体现为以下四个方面：一是所有制基础的差异化；二是价值立场的差异化；三是价值原则的差异化；四是价值目标的差异化。

第一，在所有制基础方面。资本主义制度正义是建立在私有制基础上的，所秉持的是一种分配领域的应得正义论。如果说资本主义制度正义追求平等的话，那么这种平等止步于私有制具有天然合法性的前提，只追求政治权利的平等。虽然从奴隶制—封建制—资本主义制度，制度正义的形式和内容几经更迭，但是，不平等的财产制度始终是制度正义的前提。在资本主义制度正义中,虽然消除了前资本主义制度中的不平等因素,但是以"劳动、资本、土地的互相分离,工资、资本利润、地租的互相分离以及分工、竞争、交换价值概念等等当做前提"[①]。也就是说,资本主义私有制是包含着劳动和资本以及资本和土地的分离这一社会关系矛盾在场的。简言之,资本主义社会的制度正义虽然消解了在前资本主义社会制度中的不正义因素,但是又制造了更深刻的不平等关系,这个不平等的社会关系是劳资分离的社会关系。因此,以劳资分离的私有制为基础的资本主义制度正义具有前提不正义性。与资本主义制度正义不同的是,社会主义社会的制度正义是在批判和反思私有制本身正义性的基础上建立起来的。社会主义的制度正义也正是通过对私有制的正义性批判来展开其理论讨论的。为了揭示私有制的非正义性,需要深入经济领域,对资本主义的生产方式进行批判,才能在解构私有制的基础上建构社会主义制度正义的所有制基础——生产资料公有制,并在此基础上开显出社会主义制度正义的生产正义向度。简言之,以公有制为前提的社会主义制度正义是以生产正义为基础的。

第二,在价值立场方面。资本主义制度的价值立场是资本本位的。换言之,资本主义制度的发展以资本增殖为最初目的和最终归宿,资本是控制社会结构运行的关键要素,并渗透到社会关系的方方面面,使人的社会关系转化为单一的经济关系。资本作为资本主

---

① 《马克思恩格斯文集》第1卷,北京:人民出版社,2009年,第155页。

义制度运行的轴心，为了追求最大化的利润，并以此裁定人的社会生活，使人的个人性、能动性和主体性被掩盖在资本运行的工具理性当中，人的个性成为被资本规制的社会碎片化存在。资本的增殖带来人的个性的消逝，物质发展带来人的生存危机，这是以资本本位为价值立场的必然结果。事实上，无论是何种社会制度的发展都无法离开资本的现代化作用，资本作为现代经济的重要刺激要素使市场资源得到合理配置。在承认和尊重资本有效作用的前提下，究竟是以人还是以资本为本位就构成了两种制度正义的异质性区别。社会主义制度正义超越资本主义制度正义的最大不同就在于重建了人的主体性地位，使资本回到作为一种工具最终是服务于人的发展的价值定位。以人为本的社会主义制度正义"通过介入经济运行把政治能量转化为经济优势"[①]，瓦解了资本主义制度占有他人劳动时间、侵占他人发展空间的制度结构，扭转了资本主义制度正义以资本增殖为目的的价值主张，使社会生产以使用价值而不是交换价值为目的，使经济发展以张扬个体的感性生命为价值关切。以人的感性生命为价值关切的社会主义制度正义着力于通过将人从强迫劳动的桎梏中解放出来，使人拥有更多的自由时间，从而为人的个性发展提供空间。

第三，在价值原则方面。个人主义是资本主义制度正义的价值原则和根本精神。随着资产阶级思想的发展，个人主义呈现出不同

[①] 董筱丹、温铁军：《去依附：中国化解第一次经济危机的真实经验》，北京：东方出版社，2019年，第43页。

的理论形态，但其核心精神一直没有改变，即强调个体本位，突出个人的权利和自由，维护个人利益，这种价值观念一直居于资本主义的主导地位，并渗透到社会生活的各个层面尤其是制度层面。因此资本主义制度正义必须表现为对个人利益、个人权利和个人自由的注解，也就是说，资本主义制度正义的目的就是保障个人的权利和自由。自由主义认为生命、安全、财产权等是个人的基本权利，是制度正义必须保障的个人权利，这些权利是否得到保障是衡量制度正义的基本尺度。在个人的基本权利中，私人财产所有权是最根本的权利，私人财产权利不可侵犯是资本主义制度正义的根本标尺。以个人权利作为价值原则的资本主义制度，正义最终保障的不是每个人的利益，而是资本占有者的利益。也就是说，资本主义制度正义因其宣称的自由、平等的价值目标而吸引人，但在资本逻辑的强势主导下，最终实现的是一种服务于资本增殖逻辑的形式正义，人的独立性并没有摆脱对他人尤其是对资本的依赖。因此，以资本逻辑主导的雇佣劳动制度，本质上是以资本增殖为目的的生产制度。如果说生产资料私有制造成的劳资分离是资本主义制度不正义的前提，那么雇佣劳动制度则从生产制度层面加剧了这种不正义。这一生产制度的不正义性展现为生产资料原始占有的不平等，以及生产过程中资本家对工人劳动产品的无偿占有。因此，在资本主义生产中，出现了资本增殖与贫困加剧这一并行不悖的奇怪现象。因此，资本主义制度正义最终实现的是一种法权意义上的形式正义而不是人本视角的实质正义。

集体主义是社会主义制度正义的价值原则。唯物史观反对资本主义制度正义中的个人主义，不仅从价值观和方法论的双重维度批判了个人主义，而且还分析了个人主义的历史基础，即个人主义不是一种固有的永恒的现象，而是一种历史现象，即"一方面是封建社会形式解体的产物，另一方面是16世纪以来新兴生产力的产物"①。但是，对个人主义原则批判的反面不是赞成整体主义原则，而是一种个人利益和集体利益相统一的集体主义原则，而这种统一是在实践的基础中完成的，"理论的对立本身的解决，只有通过实践的方式，只有借助人的实践力量，才是可能的"②。因此，社会主义制度正义不是对某个群体和个体的利益的保障，而是保障一种容纳个人利益和社会利益的集体利益。以集体利益为价值原则的社会主义制度正义打破了人与人之间互为手段的相互对立关系，实现了目的和手段的统一，在为他人为社会创造财富的同时，也为自身创造财富，实现自己的自由全面发展。因此，社会主义制度正义在更深层次上指向人的生存处境和生存态势，即每个人的自由全面发展。

第四，在价值目标方面。自由主义思想家将资本主义制度视为人类文明的终结，代表了人类最高形式的文明形态，将资本主义制度结构视作具有普遍性的制度结构，并以此为资本主义制度的非历史性做辩护。如弗朗西斯·福山将资本主义的民主制度看作意识形态的终极形式，认为就人类社会历史发展的方向而言，它通向的是

---

① 《马克思恩格斯文集》第8卷，北京：人民出版社，2009年，第5页。
② 《马克思恩格斯文集》第1卷，北京：人民出版社，2009年，第192页。

"马克思主义者所谓的资产阶级民主"[①]。这无疑将资本主义制度看作是人类社会制度发展的终极价值目标,这不仅是西方社会资产阶级的一种呓语,更是自由主义学者非历史性思维的局限所在。资本主义制度结构的内在冲突作为一种否定性力量使资本主义制度必然灭亡,即资本主义制度在追求普遍性存在的同时受到自身有限性的制约,最终不得不消灭自身来实现资本的发展。换言之,资本主义制度一边创造大量的物质财富,一边基于自身的内在否定性生成自我毁灭和共产主义的产生。虽然马克思的著作中蕴含了大量批判资本主义制度正义性的后现代性思潮,但是鲜少正面勾勒何谓共产主义制度正义。因此,如何基于社会主义制度正义的实践探索一条不同于资本主义制度的未来发展路径,始终是马克思主义面临的时代课题。社会主义制度正义在破除资本对现实的个人的规制的前提下,扭转了资本与人的价值错位,彰显了人的感性生命,并基于现实活动勾勒了"自由人联合体"的价值目标。基于历史、实践、传统的交汇点的社会主义制度正义不仅将共产主义价值目标融入了现实,而且以制度的有效运行保证了共产主义的有效实现。

唯物史观的方法论告诉我们,对制度正义的建构、设计和遵守要处理好非历史性、历史性与超历史性的具体的、普遍的关系。脱离制度正义的历史性和具体性空谈非历史性和普遍性,就容易陷入对现存制度的永恒化辩护而缺乏批判维度,或者流于幻想空谈而缺

---

① 〔美〕弗朗西斯·福山:《历史的终结与最后的人》,陈高华译,桂林:广西师范大学出版社,2014年,第349页。

乏现实的社会基础。夸大制度正义的历史性和普遍性而不理解超历史性和普遍性，则容易陷入相对主义，或者重新回到非历史性的表象之中。作为历史内在目的的制度正义是超越历史性定在而生成出历史普遍性的，又总是在现实的或具体的社会形态中体现出来。这是唯物史观以历史主义原则对制度正义的具体性与普遍性的辩证把握。因此，资本主义制度正义与社会主义制度正义作为两种不同的制度正义形式，"我们目击着资产阶级观念的终结——这些观念对人类行动和社会关系尤其是经济交换都有自己的看法——资产阶级曾经靠着这些观念铸成了现代社会。如今，我们已面临现代主义创造力和思想统治的尾声"[①]。社会主义制度正义不仅作为一种价值目标引领制度建设，同时其价值目标也生成于不断进行的社会制度的自我调整之中，也正是基于社会主义制度正义不断生成的实践活动，人类制度文明正在开创一种新的文明形态，引领着人类制度文明的发展方向。

[①]〔美〕丹尼尔·贝尔：《资本主义文化矛盾》，赵一凡等译，北京：生活·读书·新知三联书店，1989年，第53页。

第三章　资本逻辑主导下的资本主义制度正义

　　从私有制、权利、分配、生产方式等四个层面审视资本主义制度正义，可以使资本逻辑与资本主义制度正义的深层悖论清晰地呈现出来，为我们提供正确引导资本发展的制度正义方案。从私有制层面看，资本主义制度正义是建立在私有制不平等的基础上的，具有前提不正义性；从权利层面看，资本主义制度正义的自由和平等具有形式上的正义性，但事实上，工人只是拥有这些权利而无法享受这些权利；从分配层面看，资本主义制度正义因为暗含了劳资分离这一更为深刻的不平等因素，从而陷入分配结果上的不平等。从以剥削为特征的生产方式看，以资本逻辑为主导的资本主义制度正义违背了其自身承诺的正义原则，因而具有不彻底性。如果说资本主义私有制是资本主义制度正义的历史前提和物质基础，它决定了权利和分配层面的资本主义制度正义的形式性和不平等性，那么以剥削为特征的生产方式从根本上决定了资本主义制度正义的不现实性。

第一节　私有制在资本主义制度正义的前提性地位

　　私有制作为所有制的一种表现形态，本质上是生产资料和生活资料归谁所有的制度表现形式。如果单纯地对私有制的产生和形成做历史性的叙事或客观描述，它便只是对生产资料归谁占有的事实描述，但是，当人们追问和反思生产资料和生活资料归谁占有的合法性时，也就引发了对私有制合法性的追问和反思，此时私有制与正义的关联问题便被推上前台。与之相伴而生的便是，私有制作为一种经济制度，在根基上决定了社会制度的性质。那么，应当如何理解所有制、社会制度和正义的问题？通常有两种致思路径：一种是通过所有制的发展历史、正义观念的更迭历史以及人类争取正义的实践活动等方式呈现它们之间的互动关系；另一种是基于历史主义的视角客观地呈现它们之间的内生关系。显然，受资本主义制度正义这一主题的制约，必然以第二种方式，即基于私有制的发展历史合乎逻辑地呈现私有制与正义的关系。

　　在相当长一段时间内，在不同流派的资产阶级思想家那里，从洛克到诺奇克，从李嘉图到凯恩斯，都将生产资料私有制神化为正义的化身，并将之描绘为"一种非凡的色彩"。财产权是现代政治的本质和合法性前提，也是自由主义思想家为资本主义私有制做正义性辩护的理论支点，简言之，财产权是自由主义正义思想的理论基础。为财产权做正义性辩护的关键一环，来自于洛克在《政府论》中提出的劳动所有权理论。这一理论认为，原初的自然世界是无主的存在,为人类所共有,人对自己的身心拥有占有权,所以对自身的行动或劳动也具有排他性的所有权,通过自身劳动作用于自然世界并使其摆脱原初状态的那部分东西(劳动),就转化为私人财产。由此,劳动构成了私人财产权合法性的来源,劳动和财产权构成现代政治哲学的基础内核。18世纪中期以来,卢梭和蒲鲁东都对由财产权导致的社会不正义问题进行了批判。卢梭扛起了私人财产权批判的大旗,认为人生而自由平等,但是私人财产权却是人类不平等的根源,它给富人的财富以强有力的保障,"而几乎弄得穷人不能安保他们亲自搭起的草屋"[①]。他首次将财产权和贫困问题联系起来,引导人们思考财产权天经地义的正义性,使人们认识到财产权并不是现代人的普遍权利,而只是少数富人的特权,由此开启了财产权批判的先锋。如果说卢梭的出场开启了财产权批判的反思现代性之潮,那么蒲鲁东便首次将财产权问题独立出来,作为批判社会不正义问题的聚焦点,使对财产权的批判意识上升为一个自觉的理论焦点。在《什么是财产权》这本著作中,蒲鲁东对洛克的劳动所有权理论进行了批判,并提出了著名命题:"所有权就是盗窃"[②]。马克思评价蒲鲁东对财产权的批判是"第一次具有决定意义的、无所顾忌的和科学的考察"[③]。

然而,他们对私有财产权的批判只是停留在观念层面的"形

---

① 〔法〕卢梭:《论政治经济学》,王运成译,北京:商务印书馆,1962年,第34页。
② 〔法〕蒲鲁东:《什么是所有权》,孙署冰译,北京:商务印书馆,1963年,第39页。
③ 《马克思恩格斯文集》第1卷,北京:人民出版社,2009年,第256页。

而上学或法学的幻想"①，只有马克思把对财产权的批判上升到所有制层面：财产关系是经济关系的法律用语，财产权不过是劳动与生产资料分离的观念抽象，经济关系是历史性的生产关系，财产权自然也不是永恒的普遍原则，而是一种历史性的法权观念。因此马克思对财产关系进行了历史性考察，发现古代的财产关系、封建的财产关系，以及资本主义财产关系都不是自古就有的，所以，劳动与生产资料的分离作为资本主义生产方式的历史前提并不是向来如此的，而是诞生于封建社会的土地依附关系之中的，不仅是资本主义生产方式建立的前提，而且构建了资本主义经济交换领域中自由、平等的伊甸园假象。

关于资本主义私有制与正义的关系，在规范性层面，西方思想家有两种不同的态度：一种是将正义定义为权利，认为权利不仅仅是应用到制度层面的表达，也与个人行为（获取）紧密关联。获取行为决定了财产初始占有的合法性，必须通过制度或法律体系将其确定下来，成为人的不可侵犯的权利。将正义与获取行为相联系，并不是在一般的层面说明私有制的正义性，而是说私有制并不是先验不正义的，其本身并不会引发不正义的分配。这无疑是为高度不平等的私有制所做的强有力的正义辩护。另一种是将正义定义为平等，这里的平等排除了社会偶然性因素的"公平机会的平等"，是试图通过重新分配生产资料的方式实现一种实质平等而不是形式平等。"如果不是有助于状况较差者的利益，就不欲占有较大的利

---

① 《马克思恩格斯文集》第1卷，北京：人民出版社，2009年，第638页。

益。"① 然而无论是从权利还是从平等的视角去审视资本主义私有制与正义的关系问题，都聚焦于正义原则的自由和平等之争这一道德规范的层面，本质上都是对资本主义私有制的意识形态辩护。站在马克思的立场，就算是立足于平等原则试图通过分配资本和财富的方式来规范生产资料所有制，实现限制私有财产的做法，也是通过正义原则规约私有财产可能带来的不平等，这显然是通过政治的规则来对经济予以限制，实际上也是对私有制的一种制度改良主义做法。正如布坎南的说法："一旦我们认真地对待马克思所说的政治解放的局限性……差别原则所允许的社会——经济不平等不可能与罗尔斯的第一原则所要求的平等自由兼容。"② 总的来说，历史上的这两种评价标准建立在了抽象的道德价值或统治阶级的主观意识上，把抽象的道德价值和统治阶级的利益作为判别历史问题和历史现象的标准和尺度，既没有尊重历史事实，也缺少对现实的人的关怀，不可能对二者的关系做出科学合理的解释。自由主义理论家未能深入到资本主义生产关系中去反思资本主义私有制与正义的关系，致使资本主义私有制与正义的关系在规范性层面呈现出一种胶着状态，因而不可能正确认识和评价私有制与正义的关系。

是否存在一个生产资料和生活资料平等占有或共同享有的原始状态？这个问题不仅关涉历史事实的范畴，也具有鲜明的价值指向

---

① 〔美〕罗尔斯：《正义论》，何怀宏等译，北京：中国社会科学出版社，2009年，第78页。
② 〔美〕艾伦·布坎南：《马克思与正义》，林进平译，北京：人民出版社，2013年，第189页。

和价值立场,是自由主义理论家讨论和建构正义理论的原始生发点和立足点。建构或设想一个人人平等占有生产资料的理想模型,并不是为了复原一个人类初始存在之人人平等的正义图景,而是为了通过这一逻辑假设来探寻一个尽可能现实的制度正义建构模式。人类知识是社会知识中最基本和重要的知识,因此考察人类社会中的不正义是何以生发的,必须也只能从认识人类自身开始。将人本身的发展置于历史的审视视角中,就可以看出,我们应该在人类体力和智力等各方面的不断发展中来审视人类社会中不正义现象的生发原点。众所周知,人与人生而自由和平等,正是在人类连续不断的发展进化中,产生了一些质的改变,获得了一些或好或坏的变化,并且促使人不断地走出人人平等的原初状态。也就是说,以人人平等的原初状态出发,能够更好地从历史和逻辑的双重向度阐释人类不平等的生发原点。事实上,人与人之间是不平等的且个体之间的不平等主要概括为两类:一类是道德偶然性因素的不平等,比如生理上的自然不平等,与人的年龄、体力、智力以及智慧等相关;另一类是政治上的不平等,源自于一些人与人达成的不平等协议,因为这些协议是由人制定的,因此可以说它至少是人为制造的不平等。"第二种不平等包括某一些人由于损害别人而得以享受的各种特权,譬如:比别人更富足、更光荣、更有权势,或者甚至叫别人服从他们。"[①]这一极具洞察力的分析为我们研究不正义的根源和基础提供了两种基本致思路径:一种是从主体性因素出发,将正

---

① 〔法〕卢梭:《论人类不平等的起源和基础》,李常山译,商务印书馆,1962年,第70页。

义或不正义的最初合法性依据归结于人的自然禀赋、力量、天分等主观性因素；另一种是从所有制、社会结构以及生产方式等根基性的经济因素出发，探寻不正义是如何发生的。事实上，我们并不能否认人在天赋、出身、能力、体能等方面的差异，但这些都不是正义要讨论的问题，涉及正义问题的是社会制度对这种不平等的处理方式。

因此，只有置身于私有制的历史生成中去审视私有制与正义的内在关联，才能发现私有制与（不）正义存在着必然的逻辑关联。如果只是停留在对私有制的产生和形成做历史性的叙事或客观描述，便只是对生产资料归谁占有的事实描述。但是，当人们深入到所有制内部追问为何生产资料和生活资料归少数资产阶级所有，而大多数人只能充当廉价劳动力时，也就把私有制这一历史事实与正义关联起来。这就必然回到马克思的文本中去从他对前资本主义的解析中寻找答案。不同于古典自由主义者把人类社会的早期形态设定为"自然状态"，马克思则把人类社会的早期生存境遇看作"原始群"。不同于古典自由主义者把自然状态中的人设想为孤立无援的原子式个人，马克思将人类社会的原初状态描绘成一幅"自然共同体"的图景。自然共同体作为一种有组织的社会结构，是以人的交往关系为纽带的社会模式，在不同的历史时期表现为不同的形态。比如亚细亚的所有制形式、古典古代的所有制形式以及日耳曼的所有制形式，这三种典型的所有制形式虽然在时间上并不具有继起性，在空间上也不具有同质性，但却孕育着向市民社会的转换的核心线索，透过核心线索，可以使所有制和正义的互动清晰地呈现出来。

亚细亚所有制作为一种财产共有的所有制形式，也是制度正义的最早实践模式。在亚细亚所有制中，劳动与所有具有直接统一性。马克思晚年对亚细亚所有制形式进行了系统的探索。亚细亚生产方式并非在历史上零星出现的所有制形式，也绝非东方社会独有的所有制形式，而是人类社会初期所共有的一种典型的所有制形式。亚细亚所有制形式作为马克思晚年研究的一个重要话题，是马克思试图通过对史前史的考察，从而推演社会形态发展的一般规律。这种所有制形式作为一种公有制形式，共同体成员共同占有土地，因而内蕴着以自然要素为分配标准的正义原则。在亚细亚生产方式中，土地作为共同体成员共同的生产资料，它们不仅是共同体成员的劳动资料，也是共同体成员赖以居住的客观环境。因而，共同体成员朴素地把土地视作共有的财产，而且在共同劳动中生产共同体的共有财产。在以亚细亚所有制为基本形式的生产方式中，由于共同体成员对共同体具有完全的依附性，共同体是个人的统一体，因而生活在共同体中的成员不拥有任何形式的私人财产。那么，共同体成员是如何获得他所需要的生产资料和生活资料的呢？"每一个单个的人，只有作为这个共同体的一个肢体，作为这个共同体的成员，才能把自己看成所有者或占有者。"[①]换言之，亚细亚生产方式中的共同体成员作为劳动者直接占有共同体财产，但是这种占有是基于劳动者与共同体的直接统一。显而易见，亚细亚的生产方式是以个体与共同体的直接统一为典型形式，个人依附于共同

[①]《马克思恩格斯文集》第8卷，北京：人民出版社，2009年，第124页。

体而存在，是共同体的偶然因素。因此，亚细亚生产方式中的分配标准便是基于共同体成员中的共同劳动对共同财富的整体分配。这种分配方式的正义性毋庸置疑。个体既作为单个劳动者存在，也作为共同体的一个组成部分而存在，更是共同体财产的共有者。因而，亚细亚生产方式作为人类社会的"原始共有"形态，其以自然要素作为分配标准的分配方式展示了最朴素的正义形式，是制度正义的原始形态和现实雏形。

马克思通过考察古希腊和罗马的存在样态指出，古典古代的公社所有制是共同财产和私人财产共同存在的所有制形式。古典古代的公社所有制形式不同于亚细亚的土地共有形式。它以城市作为存在基础，耕地是城市的重要财产形式。因此，在古典古代的公社所有制形式中，其财产形式也不像亚细亚生产方式中的共同财产，而是表现为共同财产和私有财产的分裂。因为在古典古代的公有制中，私人财产和公社财产是对立的，而这种对立又是以个人是共同体的成员为前提的。因此，马克思认为："公社成员的身份在这里依旧是占有土地的前提，但作为公社成员，单个的人又是私有者。他把自己的私有财产看做就是土地，同时又看做就是他自己作为公社成员的身份；而保持他自己作为公社成员的身份。"[1] 也就是说，在古典古代的所有制中，共同体成员劳动的目的并不是为了积累财富，而是为了再生产出自己作为共同体成员的资格和身份，把自己作为耕地的所有者并据此成为共同体成员再生产出来。因此，古典

---

[1] 《马克思恩格斯文集》第8卷，北京：人民出版社，2009年，第127页。

古代的公社所有制因其较为复杂的特殊性，劳动与所有具有一定的统一性，共同体成员能够根据较为正义的分配方式获得和占有共同体财产。

日耳曼所有制因其特殊的财产占有方式成为资产阶级社会分配模式的实践雏形。日耳曼所有制是建立在城市和农村二元对立的基础上，以私人占有财产为主导的一种所有制形式。它不是一种聚集性的共同体，而是一种分散性的联合体，即共同体成员较为分散地生活在一起。由于日耳曼所有制形式的成员生活以单个家庭为生产单位较为分散地存在着，因而其财产形式表现为私人财产的自主占有，而共同体财产只是私人财产的补充性存在。显而易见，日耳曼所有制形式是以个人直接占有财产为主要的财产形式，在这里，个人对财产的占有不以其共同体成员身份为依据和前提，而是由家庭独立支配。在日耳曼所有制形式中，劳动成果的分配是以劳动和所有的分裂为前提的，而共同体财产和社会劳动成员作为私人财产的附属品而存在。也就是说，在古典古代的日耳曼所有制形式中，个人财产已经超越了共同财产成为主导型财产形式，私有财产形式必然会导致社会分配的多寡、贫富分化，对共同体内部的稳定性造成冲击，引发一定的社会冲突和矛盾。事实上，这种形式"经过了几个不同的阶段——封建地产，同业公会的动产，工场手工业资本——才发展为由大工业和普遍竞争所引起的现代资本"[①]。追溯社会历史，日耳曼所有制形式为资本主义私有制的形成和发展打开了

---

① 《马克思恩格斯文集》第 1 卷，北京：人民出版社，2009 年，第 583 页。

历史缝隙，孕育了资本主义生产资料私有制及其以资本为依据的分配方式的原始因子。

综上三种所有制形式具有不同的财产占有形式和财富分配方式，是前资本主义阶段的生产方式的集中体现。劳动与所有的关系是在各种不同的社会关系中发展起来的，因此，不同的社会关系就会产生不同的所有权关系。尽管在"人的依赖关系"阶段存在着不同的所有权形式和财产关系，但这些形式和关系具有一个相通点，即个体对劳动成员的占有并未表现为一种法权，社会产品和财富的分配总体上仍以劳动和所有的直接统一为基础和依据。由上文的分析可知，制度正义是以一定历史时期的生产方式为根据的，因此，一部制度正义的变迁史就是"劳动与所有"的变迁史。在"人的依赖阶段"较为落后的生产方式下，以劳动与所有具有同一性为普遍形式，商品交换并不是一种普遍的存在，分配方式依然遵循着私人利益和共同体利益的内在统一。并不是把私人占有的财富作为天然尺度，因为共同体成员共同占有社会财富是这个历史阶段的主导分配方式。

总而言之，在人类历史进程中，分工、生产力、所有制、分配和（不）正义具有内在的紧密联系。从人类社会的野蛮阶段算起，伴随着原始社会的三次社会大分工，为私有制的最终形成准备了阶级、货币、商品经济、劳动条件等构成要素。第一次社会大分工对私有制的促进作用如下：一是货币商品的出现；二是使社会分裂为剥削者与被剥削者两个阵营；三是畜群开始成为私有财产；四是家庭内部的分工加速了母权制的瓦解以及父权制的形成；五是对偶制转化为专偶制。此时，城乡之间、国家之间的对立和抗衡也相继出现。伴随着生产力的发展，分工由家庭内部的性别分工进一步细化为同业公会之间的手工业分工，催生了直接"以交换为目的的生产，即商品生产"[①]，并出现了社会统治要素，私有制的雏形基本形成。此时，与这种社会大分工相伴而生的不正义沿着两条道路展开，一个是微观的路径，一个是宏观的路径。微观路径乃是基于性别分工基础上的家族成员在地位上的差别；宏观路径则是由于暴力掠夺而引发的不平等，战争的获胜方劫掠失败者的财产，甚至将俘虏作为自己的财产占有，使其从事繁重的劳作，为胜利方所有，并为胜利方所奴役，更多的是作为生产工具进行生产。奴隶制和封建制是打碎人类原始平等的田园状态的根本力量，从而也使人类进入了全面不平等的生存状态。

　　如若说在"人的依赖阶段"，由于生产力的落后，物质生产的主要条件表现为自然环境条件，生产方式是以落后的生产工具改造自然客观环境为主要表现方式，相应地，财产关系主要以对土地、耕地等自然要素的占有为主要方式。因此，共同体成员对自然客观环境的占有是财富分配的主要根据。然而，前资本主义阶段共同体的财产所有权关系并非是固定不变的，伴随着生产力的发展、分工的细致化、交往范围的扩大、交换关系的多元化等，共同体成员之间的财产占有关系也发生了变化，这个变化的过程表现为劳动者与土地等自然资源不断解体的过程。根据唯物史观，在最初的意

[①]《马克思恩格斯全集》第 21 卷，北京：人民出版社，1965 年，第 187 页。

上,社会财富就是共同体成员把自然客观条件作为自己体力和脑力的延伸。自然客观环境作为共同体成员的一个主体要素,是共同体成员从事物质生产的客观前提和先置条件。在这种历史条件下,劳动者把自己视为客观条件的支配者,也把自己视为共同体财富的所有者和占有者。此时客观要素便具有了独立的价值形式,为资本的产生准备了历史条件,也为无产阶级的产生创造了重要条件。

换言之,如果说前两次社会大分工直接创造了私有制和封建制,那么在此基础上,第三次社会大分工创造了资产阶级。资产阶级作为一个具有特殊意义的阶级,就在于将自身从生产中解放出来只从事产品交换,并且作为一个中介环节使生产者之间发生关系,无偿占有和剥削他们的劳动成果。"一个寄生阶级,真正的社会寄生虫阶级形成了。"[①]可以说,资产阶级在使自身从生产中解放出来的同时,也彻底改变了社会的生产结构,结束了原来的奴隶主和奴隶、封建主和农民之间的对立,使社会成员分裂为有产者和无产者的阶级对立。也就是说,社会生产力的发展和社会组成形式的发展催生了资产阶级,可资产阶级一旦作为一种新兴力量登上历史舞台,便不只是具有经济层面的革命意义,更引发了政治和社会层面的革命性变革。资产阶级并不从事生产,但是却通过使无产阶级进行生产而获得生产成果,一边宣称自由和平等,一边又以更加隐蔽的形式侵犯无产阶级的自由和平等。从根本上而言,资产阶级使资本主义私有制展现为一个更为坚固的所有制形式。

[①]《马克思恩格斯选集》第4卷,北京:人民出版社,2012年,第182页。

资本主义生产关系的原始形成瓦解了基于劳动所有权的权利正义，使基于私有制的权利正义成为普遍法则。"资本主义兴起的条件恰恰是这些前资本主义财产形式的解体。"资本主义关系的形成确证了劳动与所有的分离，代替这种分离的就是资本与劳动的对立。资本的前身就是包含着劳动客观要素的货币财富。遗憾的是，国民经济学家看不到这一点，也看不到私有财产的历史起源，他们仅仅"把私有财产在现实中所经历的物质过程，放进一般的、抽象的公式，然后把这些公式当做规律"。①

资本主义私有制作为一种深刻的历史现象，在人类追求自由、平等的道路上起到的作用是悖论式的，它一方面消灭了以往制度形式中的不正义现象，同时又以更隐晦的形式制造了新的不正义现象，即劳资分离这一更为深刻的不平等前提。因此，我们不得不走进历史深处，以辩证的方法去分析资本主义私有制与正义的辩证关系。

一方面，资产阶级以及资本主义私有制的真正建立在追问和追寻正义的意义上而言具有进步意义。首先在物质基础方面，它找寻到了一个使财富最大化的经济组织形式，即市场经济。诚如马克思所说："资产阶级在它不到一百年的阶级统治中所创造的生产力，比过去一切世代创造的全部生产力还要多，还要大。自然力的征服，机器的采用，化学在工业和农业中的应用，轮船的行驶，铁路的通行，电报的使用，整个大陆的开垦，河川的通航仿佛用法术从

---

① 《马克思恩格斯选集》第1卷，北京：人民出版社，2012年，第49页。

地下呼唤出来的大量人口——过去哪一个世纪料想到在社会劳动里蕴藏有这样的生产力呢？"① 机器制造的快速发展，科技发明的巨大进步，以及世界市场的形成，这些社会要素的改变无疑都促进了劳动生产率的提高，使得社会财富总量增加，为实现公平正义提供了物质基础。其次，在阶级基础上，资本主义社会并没有改变奴隶社会和封建社会的所有制基础，它只是改变了私有制的组成形式。资本主义制度使私有制突破了区域性、分散性的存在而成为一种普遍的存在形式，并且它把所有社会成员简单地划分为资产阶级和无产阶级两个阶级。最后，在正义观念上，近代欧洲的新兴资产阶级明确提出了"自由和平等"的正义理念和价值体系。资产阶级作为一种进步力量面对的是封建社会的压迫和专制。在封建社会，贵族和地主通过至高无上的权力对劳动大众实行政治专制、经济剥削、思想控制，同时又通过宗教神学为这种落后的政治观点和价值主张做辩护。宗教信条成了评价事物对错、美丑的最高价值准则，任何独立思想、正义理念和先进思潮都成了需要被反对和鞭挞的对象。因此，迷信、服从、愚昧和守旧成了主流的价值观，为了摆脱这一落后价值观的思想禁锢，新兴资产阶级提出自由平等的正义理念，并将之上升到制度层面，以此批判和革新封建专制制度中的落后思想。简言之，资产阶级在批判和抵制封建社会的落后思潮的同时，使"自由和平等"等价值理念登上历史舞台，在人类追求正义的历史进程中发挥着重要的作用。

---

① 《马克思恩格斯选集》第1卷，北京：人民出版社，2012年，第405页。

另一方面，资本主义私有制虽然消灭了奴隶制和封建制的不正义，但同时制造了新的不正义，即使无产阶级深陷劳资分离这一深刻的不平等关系中。也就是说，在资本主义私有制下，自由的只是少数有财产的人剥削大多数无财产的人的自由，平等的也只是意味着少数有财产的人对大多数无财产的人的奴役和压迫。这是因为，资产阶级政治解放所确立的资本主义私有制归根结底是建立在资本占有的基础上的，社会绝大多数的资本掌握在少数资本家手中，而占绝大多数人口的无产阶级则相对贫困。因而资本主义私有制最终实现的只是形式上的自由和平等，并且在更深层次上制造了更大的不正义。这主要表现在：

其一，私有制的初始占有并不是犹如田园诗般的贮存、堆积和积累过程，毋宁说，它是用征服、掠夺、杀戮、奴役等非正义手段掠夺弱势者赖以生存的物质资料的过程。如罗默所言，私有制与不正义的内在逻辑关联应该追溯到"财产的初始分配的不平等"①。在《资本论》第1卷的序言中马克思以英国的"圈地运动"为典型考察了生产者和生产资料分离的"暴力"过程："我要在本书研究的，是资本主义生产方式以及和它相适应的生产关系和交换关系。到现在为止，这种生产方式的典型地点是英国。"②这个过程包括两个方面："一方面使社会的生活资料和生产资料转化为资本，另一方面

---

① 〔美〕约翰·E.罗默：《在自由中丧失》，段忠桥等译，北京：经济科学出版社，2003年，第65页。
② 《马克思恩格斯文集》第5卷，北京：人民出版社，2009年，第8页。

使直接生产者转化为雇佣工人。"①通过暴力手段将人们同他们赖以生存的生活资料分离开来的残暴过程，也就是原始积累。原始积累像剪刀一样，刺穿了传统的生活方式，给平民造成了极大的伤害：第一刃削弱了人们自给自足的能力；第二刃为了防止人们在雇佣劳动体系之外找到另一种生存策略，而制定了一系列苛刻措施。即使在资本主义私有制成为一股重要的经济力量之前，伴随着对农民权利的剥夺，就出现了一系列非常残酷的法律，目的是压制人们对资本主义私有制的任何反抗，最后导致工人大部分无路可走，只能为赚取仅能糊口的工资而出卖自己的劳动力。也就是说，资本原始积累促使劳动者大量失去生产资料，成为只能以出卖劳动力为生的无产者，并逼迫他们不得不依附于资本家而生，从而不可避免地带来了社会的两极分化，是资本主义制度正义的历史前提。

其二，私有制作为一种人的自主活动的组织形式，其不正义性不仅仅表现为初始占有的不正义性，而且在更深层次上表现为这种活动组织形式对人的生存状态的异化。"分工和私有制是两个同义语，讲的是同一件事情，一个是就活动而言，另一个是就活动的产品而言。"②在资本主义私有制下，社会分工不是自愿的，而是自发形成的，因而这种共同活动带来的物质力量——生产力就不是个人自身力量的联合与展现，而是某种异己的、外在的、压迫自己的强制力量——私有制和异化劳动的力量。因此，在更深层面而

---

① 《马克思恩格斯文集》第5卷，北京：人民出版社，2009年，第822页。
② 《马克思恩格斯全集》第3卷，北京：人民出版社，1960年，第37页。

言，私有制作为劳动组织形式的非正义性，在于使人的生存状态产生了异化：第一，那些占据生产资料的资产阶级成为实际的社会统治者，统治着广大无产阶级。工人拥有自身的劳动力，自己生产的劳动产品也理应由劳动者所有和支配。然而，现实的吊诡之处就在于，劳动者并不拥有自己生产的产品，反而被从不劳动或极少劳动的资本家据为己有。工人越是投入劳动，生产出更多的产品，越是表现为自身的丧失，越受到异己力量——资本统治。事实就是，资本家与工人获取的财富分配和自身的劳动量成反比，这就是劳动者与资本家在财富分配上的不平等。第二，私有制的非正义性并不仅仅表现在静态的分配结果上，而且也表现在动态的生产过程中。人的本质理应表现为对自身劳动的所有权和支配权，劳动本身也表现为出于内在必然性而从事的生产活动。但在资本主义生产过程中，劳动却由人的应然本质沦为谋生工具。资本主义生产过程使人成为机器大生产中的一个机械组成部分，把人降为满足资本家致富欲望的一个"物"的存在。此时，人却无可选择，反过来受到资本主义生产体系的压制和剥削。这就是私有制表现在生产过程中的非正义。第三，在私有制中，人的对象化活动的客观条件被剥夺，从而使人的类活动被套上奴役性的枷锁，使人不能成为从心所欲、自由自觉的价值存在。正是由于人作为"有意识"的存在物，才更能深刻地感受到同自身类本质异化的撕裂和痛苦。"类本质"规定从根本上是人的社会性存在方式，它从社会视角展现了人的生存状态异化的非正义性质。最后，人与人关系的异化是前三种异化的直接结果。事实上，人的本质只有在一定的社会关系中才得以证成，前三种异化规定性也是在人与人之间的关系中得以存在的。这种异化的社会关系表现为资本家与工人的对立以及人的价值意义的丧失。劳动产品的剥夺与占有、生产过程的统治与规训、人本质的沦丧与剥夺统一于生产过程中。在这一过程中，与工人价值的沦丧相对的是资本家对价值的享有，并且当异化产生的非正义关系开始奴役人时，工人和资本家都会沦丧为工具性存在的非人状态。

其三，生产资料私有制的必然逻辑是无产阶级获得的报酬与其劳动创造的价值并不相符，而只是满足其生存的基本物质条件。资产阶级和无产阶级的不对称关系意味着资产阶级通过掌握生产资料主宰资本主义生产过程，而无产阶级以物质要素的形态存在于资本增殖过程之中。所以，生产资料私有制使资本家成为资本主义自由市场的仲裁者，也使自由市场成为正义原则的仲裁地。在资本主义私有制中，劳动者的劳动被抽象为无差别的一般人类劳动，社会必要劳动时间成为衡量劳动价值的标尺，工资成为劳动力商品的价格，最终劳动者仅仅被视为商品的存在物。在以生产资料私有制为基础的资本主义生产方式中，劳动者的劳动不再是创造使用价值的具体劳动，而是创造价值的无差别的一般人类劳动，即抽象劳动。基于资本的增殖逻辑而生成的具体劳动向抽象劳动转化的直接目的是将无产阶级的劳动力变成商品，通过社会必要劳动时间衡量劳动力的价值、劳动生产率以及利润率，从而深入资本主义生产方式内部找寻剩余价值最大化的秘密。

生产资料私有制不仅通过将人的具体劳动抽象化证成其合法性，而且通过将社会必要劳动作为衡量劳动力价值的标尺实现对劳动者本身的宰制。无产阶级作为资本主义生产、交换、分配、消费这一经济链条中的一个重要要素,将自身价值抽象为物质要素,并以一定比重嵌入到商品的全部生产周期。所以,劳动者获得的工资报酬对于资本所有者而言,只要能使劳动者产生源源不断的劳动力,从而保证剩余价值生产过程的有效运行即可。生产"把人当做商品、当做商品人、当做具有商品的规定的人生产出来",并将人作为商品的存在视为"人这种商品的或高或低的生产率"。[①]资产阶级和无产阶级之间的分配关系便由人与人之间的财富分配关系变成了劳动力与生产资料之间的物物分配关系。生产资料私有制使资本所有者成为资本主义生产过程的主宰者,而使劳动所有者丧失了对自身劳动力的真正主宰权,最终导致了劳动者作为一种物的要素存在于资本主义私有制之中。因此,劳动者根本无法获得自己劳动应得的报酬,而资本家却大量占有不属于他自身的财富,造成了财富分配的不正义。

第二节　自由平等的形式性:权利层面的资本主义制度正义

在唯物史观中,权利、正义与制度通常具有同构性、类同性等诸多交错联系。在具体的层面上,三者在哲学层面上几乎是相互阐

[①]《马克思恩格斯文集》第1卷,北京:人民出版社,2009年,第171页。

释和彼此贯通的概念。当人们在追问权利的制度正义问题、探索制度正义的法权依据时,权利与制度正义的交互关系便作为一个既定事实。权利与制度正义的交错关系作为一个社会历史话题,必然受制于一定的社会历史规律,因此,首先需要说明的一个关键问题便是权利(正义)与社会制度的关系。

何谓权利?严格地讲,权利概念是近代契约论的产物。近代契约论认为人类诞生以来就天然地受到自然法的制约,天赋人权是人生而享有的自然权利。为了保障这种权利,以及避免人对人可以跳出像狼对狼一样的情况,于是便产生了代表公权力的国家和政府机构。这就是传统自然权利学说的思想。自近代契约论以来,虽然讨论的内核问题几经发展,但始终万变不离其宗。权利的产生究其根本是人要为社会利益的分配立法。当人通过劳动使自身从自然界中分离出来以后,便开始与客观外在世界进行物质交换,人的历史活动便表现为不断地争取利益和保障权利的过程。

在思想家还未将世界区别为"自然世界"和"属人世界"时,权利之于人在"自然世界"和"属人世界"的主要作用就是实现人的自我存续,而人的自我存续活动就是突破地域外部世界的威胁和限制力量。然而,人的这种自我存续活动并不是孤立的原子式个人的鲁滨逊式行为,而是以人与人之间的交互行为为中介进行的整体性实践。在人类历史的演进图景中,无数次的社会事实从经验上证明人的整体性实践活动的有序进行必须有社会制度的保障和支撑,否则人类就会因为利益的争夺而陷入无序的社会状态,最终导致无法自我保存。社会制度作为人类得以自我保存的保障,必然作为属人世界的社会有机结构的重要组成部分。只有在属人世界里，人、国家、社会为了维护社会秩序稳定才需要社会制度为人类社会立法。无论人类社会如何发生历史变迁，无论人随着社会历史的变迁发生如何的变化，必然需要社会制度为人类社会的行为提供允许和禁止的社会坐标，而且也为人与人之间的利益冲突提供缓和和解决的规范性尺度。人类社会的经验性事实表明，由于权利是随着人类社会的不断变迁和演进而不断更新和变化，因此，在人类社会发展的不同阶段和不同社会制度中，社会人所享有的权利也会产生相应的变化。然而，只有在私有制社会，由于人与人交往关系的多样化和利益的冲突，社会制度逐渐表现为多元化样态。需要指出的是，无论是在纵向的历史性坐标，还是在横向空间的共时性坐标上，权利、正义、社会制度都是双向互动的关系。社会制度作为一种公共性规范更是人的行为坐标。

自古希腊柏拉图和亚里士多德伊始，学界的一个共识便是将正义定义为有关社会财富等物质利益分配的价值规范。因为权利和正义是人这种类存在物进入人类社会生活必然产生冲突的根源，更是造成社会矛盾的重要原因。在人类社会发展不同历史阶段中的人对权利、正义和制度正义的期待是不一样的，甚至是迥然各异的。然而，任何试图脱离具体历史条件、不讲社会情景的分配都不可能获得关照现实的真实正义，无论是从抽象的道德原则出发，还是基于契约论的理性演绎，权利、正义、制度正义都只能是一种无意义的讨论和无根的话题。因此，我们很难在唯物史观的经典文本中找到相关的论述，只能从经典文本追寻对相关问题若隐若现的描述，从而把握唯物史观对相关问题的运思方式和理论架构。《资本论》之所以是一部伟大的著作，就在于它立足于市民社会的物质基础，探讨在人类社会制度中为什么会存在阶级对抗、利益冲突等不正义现象。换言之，探讨人类社会的正义问题并不应当从抽象的正义原则出发，而应当立足于市民社会的经济基础尤其是所有制来思考。

启蒙运动以降，由于国家和市民社会的分离以及私有制形式的普遍化，劳动和所有权的分离，人们对权利正义的追寻，对美好制度的渴望已经超越了善品的层面，将之诉诸现代法权的基础上。如果说卢梭、霍布斯、洛克等社会契约论者奠基了现代国家理论的法权国家，那么"自然法"便是国家理论的核心标尺和内在尺度。霍布斯彻底扬弃了权利正义的德性维度，强调分配在制度层面的合法性依据。在他而言，不是德性决定权利，相反，权利决定德性。正义与德性无涉，而是在制度层面与国家权力、所有权紧密相关。权利和正义从根本而言是基于"立法"的自然法准则和所有权原则，是据以"功劳大小"来制定财富分配准则的准绳。与霍布斯不同，洛克主张自然法在财产权中的基础性地位，强调二者的同构性和共源性，把生命自由和个人财产统称为"财产"，认为每个人对自己的身心具有所有权，因此自己占有自己的劳动所得和财产便具有天然的合法性，人便占有了财产。这本质上是资本主义社会基于自然权利确立制度正义原则的重要根据。如果说启蒙运动以降的政治哲学主张正义与财产权的契合性，将私有制与正义在自然法的层面勾连起来，那么康德和黑格尔则强调正义和法权的契合性，这样就使权利问题转换为抽象的法权原则和神秘精神的绝对幻影。也就是说，唯物史观的权利思想正是以西方传统契约论为理路，在批判性继承黑格尔法哲学中逐次出场和形成的。可以说，唯物史观的权利思想不再是脱离社会现实的永恒正义，也不是资产阶级宣称的绝对正义。相反，唯物史观基于市民社会的经济基础实现了权利、正义、制度思想的理论变革，即从思辨层面对相关问题的抽象探讨转向基于所有制而追求正义问题的现实路径。

在资本主义制度中，权利平等原则已经深入人心，每一个人都平等地享有法律规定的权利。也就是说，从表面或其形式来看，权利的分配是正义的。众所周知，自由和平等作为两个重要的价值原则，不仅构成了近代以来国家制度证成自身合理性的价值依据，而且成为人们最为重要的两个权利。那么，人们不禁追问，资本主义制度是否保障了权利的正义分配？每一个人是否都真正地享有了自由权和平等权。对于这一问题的回答，不应当抽象地加以讨论，而是应当基于它产生的历史基础来回答。

通过启蒙运动和资产阶级的政治解放运动，权利平等原则构成了资本主义制度正义的基础。"权利的公平和平等，是十八、十九世纪的资产者打算在封建制的不公平、不平等和特权的废墟上建立他们的社会大厦的基石。"① 虽然自古以来，人们就追求平等，但是古代的平等观念指向人们的抽象平等，现代社会的平等观念则是一种权利方面的平等观念，要求"一切人，或至少是一个国家的一切公民，或一个社会的一切成员，都应当有平等的政治地位和社会地

---

① 《马克思恩格斯全集》第21卷，北京：人民出版社，1965年，第210页。

位"①，简言之，"确立权利平等"②。事实上，平等权利不是凭空构造的，而是社会历史的产物，具体来说，是资本主义的经济关系的产物，并且作为资本主义制度正义的基石。因此，基于历史主义的视角，在前现代社会提出平等权利是不可能的，甚至是荒谬的，直到社会发展到能够孕育出代表现代平等观念的资产阶级时，平等权利才应运而生。当生产关系尤其是经济关系的性质随着工厂手工业的建立日益资本主义化，大规模的市场交易要求自由工人与工厂主之间依据平等权利进行交换，但是"在经济关系要求自由和平等权利的地方，政治制度却每一步都以行会束缚和各种特权同它对抗"③，因此，必须将摆脱封建桎梏和封建社会中的不平等提上日程，并最终为了发展市场经济将平等权利确立为普遍权利。

因此，权利平等一方面在法理上证成了资本所有者拥有生产资料和资本的合法性，另一方面同样证成了劳动力所有者通过自身劳动获得收入和工资的合法性，并且在根本上证成了资本所有者和劳动力所有者双方社会地位的合法性。在资本主义制度中，通过法律制度保证资本家和无产阶级的地位平等，已经深入人心。资本所有者根据权利平等原则向外宣称其与劳动力所有者的交易并非不正义，进一步而言就是通过对劳动所有者的压榨和剥削而获得的巨额财富也并非不正义。因为，从法律制度而言，权利平等是消除了封建社会的阶级特权之后的普遍权利，被资本家和劳动者共同享有。

---

① 《马克思恩格斯全集》第 20 卷，北京：人民出版社，1973 年，第 113 页。
② 《马克思恩格斯全集》第 20 卷，北京：人民出版社，1973 年，第 116 页。
③ 《马克思恩格斯全集》第 20 卷，北京：人民出版社，1973 年，第 115 页。

前者拥有购买劳动力的自由，后者拥有出卖自己劳动力的自由，并且劳动者也可以就自身的工作强度和工作时间以及环境等问题和资本家在讨价还价的基础上建立工资契约关系，并被法律和制度所保障。任何劳动力的买卖以及工资契约都是劳动者和资本家双方平等协商而达成的契约关系。工人自愿地出卖自己的劳动力，资本家顺理成章地宣称二者的交易关系具有正义性，因此，双方的财富差距也是正义的。简言之，权利平等原则从逻辑和现实的双重维度论证了由生产资料私有制造成的收入和财富差距过大的正义性。正是在这个意义上，伍德宣称资本所有者与劳动力所有者的工资关系是正义的，这主要源自于他认为这种工资关系似乎是缔结在权利平等原则之上的。

这一论断忽视了权利平等的阶级立场和具体交易情境，仅仅是一种停留在口头上的权利。这明显是资产阶级所追求的权利平等原则。"从资产阶级由封建时代的市民等级破茧而出的时候起，从中世纪的等级转变为现代的阶级的时候起，资产阶级就由它的影子，即无产阶级，经常地和不可避免地伴随着。"[①] 这表明，资本主义的经济关系不仅产生了资产阶级的权利平等要求，也产生了无产阶级的权利平等要求。资产阶级要求的是"消灭阶级特权"的政治权利的平等，而无产阶级要求的是经济权利的平等。也就是说，"作为资产阶级存在条件的平等要求，……与此相连的必然是无产阶级从

---

① 《马克思恩格斯全集》第 20 卷，北京：人民出版社，1973 年，第 116 页。

政治平等中引申出社会平等的结论"①。因此，从资产阶级的权利平等要求看，资本家和工人的工资交易无疑是正义的，但是，从无产阶级追求的权利平等原则看，资本家与无产阶级的交易无疑不是正义的。无产阶级因其不具有生产资料所有权一直处于经济上的弱势地位。资产阶级革命虽然使无产阶级获得了自由，但是却自由地一无所有，必须依靠出卖自己的劳动力来获取生存资料，以维持最低层面的生活需要。在这种经济关系中，无产阶级是发家致富的绝缘体，他们试图通过自己的劳动换取更多的生活资料，但是在资本逻辑主导的资本主义制度中却产生了资本家的日益富裕和自身的日益贫困。

这种经济地位上的差异很明显地有利于资本所有者，因为劳动力所有者除了自身的劳动力之外一无所有，不得不向资本所有者出卖自己的劳动力获得劳动报酬，以维护自身的生计。尽管这一交易看起来像是自由的契约，符合法律的形式规定从而具有形式正义性，但是从结果上来说是非正义的。或者说，劳动力所有者因其除了拥有自身的劳动力这唯一财富外一无所有，而在交易过程中拥有较低的选择权。因为劳动力所有者源于生存的压力以及自身的经济压力而被迫签订不平等的工资契约，而资本所有者则没有如此这般的生存压力和经济压力。也就是说，如果不能顺利进行交易关系，对劳动力所有者而言，意味着无法获得生存资金购买生活资料；对资本所有者而言，仅仅意味着缺少一个可以进行压榨和剥削的劳动

---

① 《马克思恩格斯全集》第 20 卷，北京：人民出版社，1973 年，第 669 页。

力而已。总而言之，拥有某种权利与实际享有某种权利并不一致。通过以上的分析可以看出，尽管权利平等原则号称无产者和有产者都享有平等的权利，但是在现实层面而言无产者由于经济上的弱势地位根本不具有机会享有经济上的平等权利。

从形式上看，资本主义制度的权利是平等的，但实际上却是不平等的，并且本质上是为资本主义制度的不正义进行辩护的意识形态。如果通过政治领域深入到资本主义经济领域中，就会使资本主义制度正义的自由平等的悖论昭然若揭，也就是说，表面上的自由和平等掩盖了实质上的不自由和不平等，并且二者互相构成了资本主义制度正义的形式性。资本主义制度的自由和平等证成的是市场经济中的自由和平等，这与前资本主义社会的奴隶制与封建制而言是政治解放取得的巨大历史成果。"资产阶级在反对封建制度的斗争中和在发展资本主义生产的过程中不得不废除一切等级的即个人的特权，而且起初在私法方面，后来逐渐在公法方面实施了个人在法律上的平等权利，从那时以来并且由于那个缘故，平等权利在口头上是被承认了。但是，追求幸福的欲望只有极微小的一部分可以靠观念上的权利来满足，绝大部分却要靠物质的手段来实现，而由于资本主义生产所关心的，是使绝大多数权利平等的人仅有最必需的东西来勉强维持生活，所以资本主义对多数人追求幸福的平等权利所给予的尊重，即使有，也未必比奴隶制或农奴制所给予的多一些。"[①] 但是它又以其意识形态幻象抽象掉现实社会中财富状况的不

[①] 《马克思恩格斯文集》第 4 卷，北京：人民出版社，2009 年，第 293 页。

平等以及由此导致的社会地位的不平等。通过法律制度确定的工资关系中的自由和平等只是资本主义制度为无产者编织的美梦，从实质上来说是不自由和不平等的。劳动能力只能属于劳动者本人，并且通过交换才能实现自身的价值。就形式而言，资本所有者与劳动所有者之间的关系"在形式上……是一般交换者之间的平等和自由的关系"[1]。这种形式上的自由和平等仅仅是一种表面现象，似乎给予劳动力所有者以更广阔的选择空间，拥有了与资本所有者同样的自由和平等，但是这仅仅是一种骗人的假象。对此，美国思想家布坎南指出："在资本主义的意识形态领域流行的正义观念和更为具体的分配正义观念都非常强调自由和平等的地位。通过把视角限定在劳动工资的交易本身，那些为资本主义的意识形态所迷惑的人就能支持自由和平等的理念，并证明这种劳资关系是合法的，而最后整个社会关系也是建立在这种理念之上。"[2]

由此可以看出，自由和平等权利从不同的阶级立场看，其所呈现的正义图景也截然不同。在交易关系中，无产阶级因其被剥夺了生产资料而被迫嵌入到资本的增殖逻辑中，从事着无限循环的被剥削劳动。如果停留在资产阶级的权利平等视角，则会看到这样一种温情脉脉的正义图景，即资本所有者将剩余产品平等地分配给劳动者。但是这种权利平等以资本与劳动的分离为前提，以经济不平等为前提。如果对这一前提不加批判地接受，那么就是不加批判地接

---

[1]《马克思恩格斯全集》第30卷，北京：人民出版社，1995年，第457页。
[2]〔美〕艾伦·布坎南：《马克思与正义》，林进平译，北京：人民出版社，2013年，第70页。

受资本家与劳动者的初始不平等关系，就会陷入古典经济学家的窠臼中，认为虽然资本主义制度中依然存在着剥削，但是可分配的财富却更加广泛了，因此资本主义制度也是更正义的制度。这也正是诺齐克为资本主义制度正义辩护的切入点，即虽然劳动者在资本主义生产体系中依然遭受剥削和压迫，但是较之于前资本主义制度，他们明显获得了更良好的生活处境。如果立足于无产阶级的权利平等视角，就会看到资本家许诺的自由平等权利的形式性。

资本主义制度正义思想强调自由和平等的权利观念，并且自由和平等权利构成其主要内容。但是，如吉登斯告诉我们的那样，我们不能仅仅停留在表面现象去审视它们，认为它们是对劳动所有者和资本所有者双方经济地位的真实描述。在资本主义制度中，真实的自由和平等是劳动力所有者迫于生存压力而不得不出卖自身的劳动力，如果只是停留在表层去审视这一境况，就将劳动力所有者出卖自身劳动力的过程视为公平的交易自由。然而事实上，自由的只是具有资本所有权的资本家，工人并没有获得真正的自由。也就是说，在资本主义制度的工资交易关系中，自由的不是每个人，而是资本所有者。因此，在这一社会阶段，资本居于主导地位是出于发展社会生产力的需要，那么，人身处其中并且受到资本逻辑的统治，也是一种自由的表现形式。但是这种形式上的自由从根上而言是对个人自由的彻底取消，使劳动力所有者的个性完全屈服于资本逻辑，资本逻辑作为一种至高无上的权力主宰着劳动力所有者的生存处境。显而易见，劳动力所有者的自由完全受资本所有者的控制，英国古典经济学家将自由的最高形式看作自由竞争，在他们看来，否定自由竞争就是否定个人自由。这一阐释的本质是为资本所做的合法性辩护，认为资本在资本主义制度中具有至高无上的地位。在斯密和李嘉图等资产阶级经济学家的视野中，劳动力所有者拥有真实的平等。但是，在实际上，他们所拥有的平等如同他们所拥有的自由，是一种将个体差异性抽象掉的空洞的形式平等，是遭受资本所有者压榨的平等。对于资本所有者而言，平等意味着实现资本增殖，是平等的对劳动力所有者也就是对雇佣工人进行剥削。简言之，"平等地剥削劳动力，是资本的首要的人权"[①]。因此，洞悉资本主义制度正义的形式性，必须明晰劳动者丧失自身劳动力所有权的过程。

第一，工人只有在商品交换的层面对自身劳动力具有持有权。劳动力买卖是资本主义生产过程独有的经济现象，资本家所持有的货币和生产资料与劳动者所持有的劳动力在等价交换原则的前提下产生经济交易行为。在经济交易中，工人以自由劳动者的具体存在形式表现资本主义制度的自由和平等。然而，劳动分离作为社会发展的历史产物在更深层次上意味着生产资料所有权与劳动力所有权的分离。在劳动力作为商品进行买卖的过程中，资产阶级作为货币占有者，劳动者作为劳动力占有者，二者相互转让自己手中持有的商品，工人让渡自己劳动力商品的使用权，来换取资产阶级手中的货币。资本家一旦购买了劳动者劳动能力的使用权，就等于占有了劳动力的所有权，使工人阶级丧失了自己的自由。依循资本主义商

[①]《马克思恩格斯文集》第5卷，北京：人民出版社，2009年，第338页。

品经济的内在规律，货币与劳动力的买卖是拥有平等权利的经济主体双方的自由交易，这一法权自由确证的是资本家占有工人劳动力的合法性。"自由、平等、所有权和边沁"①主导资本所有者和劳动力所有者的交易过程。

第二，劳动者的劳动力所有权在资本主义等价交换原则中展现出两个方面的虚伪性。一方面，资本所有者付给工人的工资违背了劳动力不可被量化的质的属性。劳动能力作为劳动者的"自然恩惠"，如同自然界的风力、光能一样，具有经济属性但又不需要花费任何资本。然而，狡诈的资本家却依照等价交换原则购买劳动力而掩盖无偿占有由工人的劳动能力产生的剩余价值。因此，劳动者的劳动力所有权在资本所有权面前便仅仅沦为表象。另一方面，资本家付给劳动者的工资是工人自身无偿劳动的结果。在资本主义生产过程中，劳动者生产了自身劳动力的价值和剩余价值，生产的劳动力的价值用于支付自己的工资，剩余价值转化为资本家在资本再生产中继续购买劳动力商品的资本。也就是说，资本主义生产过程中生产剩余价值的价值增值过程与交换领域中的等价交换原则虽然形式上相符，但实际上相悖。作为由劳动者生产的剩余价值又在等价交换原则的遮蔽下转为资本所有者购买劳动力的货币资本。可见，所有权理论一旦被提到资本主义生产过程的层面便成为表征资本主义等价交换原则虚伪性的假象。

第三，在扩大再生产的资本积累过程中，劳动力的所有权规律

---

① 《马克思恩格斯文集》第5卷，北京：人民出版社，2009年，第204页。

转变为劳动力的占有规律。在商品经济的萌芽阶段，劳动者对自己的劳动以及劳动成果具有所有权，二者具有具体的统一性。在资本的积累阶段，使劳动与所有权发生如下转变：劳动者的劳动产品为资本家所有而不是劳动者；资本家对生产资料具有的所有权不过是无偿占有劳动者劳动的结果却具有合法性和正当性；资本家和劳动者在交换领域分别拥有的生产资料和劳动力所有权，转化为在生产领域中资本家对劳动力的所有权，而此时劳动者作为物的要素和其他生产资料并没有质的不同；在扩大再生产的资本积累过程中，劳动者以丧失对自己劳动力和劳动产品的所有权为归宿；资本所有者在交换领域通过货币资本购买的是劳动者的劳动力使用权，本质上占有的是劳动者的劳动所有权，最终导致了劳动者的一无所有。

第三节 结果不平等：分配层面的资本主义制度正义

分配层面的资本主义制度正义所面临的历史任务，即怎样为在私有制这一不平等的所有制前提下为不平等的社会分配做辩护。对于已经取得政治解放的现代国家尤其是资本主义国家来说，政治层面的平等权利已经成为人们的共识，并形成大多数国家政治制度的一个重要原则。但对于财富应当如何分配的正义问题却众说纷纭。缘何达成分配层面的资本主义制度正义共识如此之难，这不仅是因为分配正义的对象事关人类生活的根本境况，在更根本的层面而言，分配层面的资本主义制度正义追求的不是如何实现财富的平等分配，而是寻求一种为资本主义私有制下的不平等分配做正义性辩护的分配层面的正义。这就导致人们产生一种误解：人们首先从正义的价值理念出发，来讨论分配正义的基础和前提，仿佛我们从价值观层面确立了一种关于"正义"的观念，就能在现实层面按照这种"正义观念"来建立完美的和正确的分配制度，以此资本主义制度的正义性得以证成。因此，分配正义便首当其冲成为资本主义制度正义理论的核心问题。

关于建立一种分配层面的资本主义制度正义，西方思想史上通常有如下两种不同的路径：一种是将正义与个人行为相连接，比如洛克和诺齐克等人通过个人行动（劳动和获取）证成私人财富占有的合法性。另一种认为正义不仅与人的主观因素相关，而且在客观上是由社会环境所决定的，比如休谟和罗尔斯等人认为资源的适度匮乏是正义问题的现实语境。前者更多的是将分配正义与主观因素相联系，后者认为正义不仅与主观因素相关，也与客观环境相关。这两种介入和讨论分配正义的路径，其根本分歧和冲突就在于，应当如何确立一种更为合理的分配正义，或者说，分配正义是否具有更本源的基础？自柏拉图以来，将"应得"理解为分配正义的核心内涵已经成为基本共识。在这种理解中，所谓分配正义就是通过分配制度的制定、设计和运行保障每个人得其所应得。例如，亚里士多德将配得作为分配正义的根据；西季威克认为正义是人们应得与回报之间的相称；罗斯认为依照配得在人们之间分配幸福就是正义。应得作为一个价值概念，也与分配正义进行了双向连接。无论是人，还是物，都可以作为应得的主体。但是，在通常的解释中，我们把人理解为应得的主体，因为人的应得与正义的关系更为紧密。① 它用一个简单公式来表达就是："S 基于 P 而应得 X"②。其中 S 指向主体，X 指向主体得到的东西或者受到的待遇，P 指向主体的某些特质尤其是过去的行为。此时，应得与分配正义的双向连接得以建立。应得与分配正义的双向连接表明，个人财富的应得应当与我们过去的行为相关，而且得到的财富与过去行为的性质具有"契合性"（fit）③。当应得与正义进行双向连接以后，就意味着分配正义史观的不再是道德价值的分配，而是收入和财富的分配。因此，以应得为基本含义的分配正义也就相应地主张：裁定某一制度安排正义与否的标准，就在于看该制度所保障的财富分配结果是否与人们的应得相吻合。

以应得为基本含义的分配层面的资本主义制度正义在不同的历史阶段具有不同的基础。比如，在古希腊时期，亚里士多德提出根据社会成员的价值（血亲、出身、才能、财富等）来分配城邦的财富、荣誉、地位和利益，因此，按照血缘和出身来进行社会利益分配的奴隶制便是正义的。不过，古希腊所说的应得更多的是一种德性价值而不是法权价值，所以，这种应得也并没有成为古典政治哲学的一个核心观点。但就近代特别是洛克以来，随着法权在现实

---

① Joel Feinberg, *Doing and Deserving*, New Jersey: Princeton University Press, 1970, p. 5.
② Joel Feinberg, "Justice and Personal Desert", in *Nomos VI: Justice*, edited by C.J. Friedrich and John W. Chapman, New York: Atherton, 1963, p. 75.
③ George Sher, Effort, Ability, and Personal Desert, *Philosophy and Public Affairs*, (8) 1979, p. 375.

社会层面和学术理论层面的不断凸显，这种应得也逐渐构成制度正义的基本内涵，原因是近代以来的制度正义理论主要是在自由主义的范式内建立并向前推进的。无论是在古典自由主义的起点洛克那里，还是在高点诺齐克这里，都对应得权利作了一目了然的界定和说明。比如，诺齐克在《无政府、国家和乌托邦》中就曾强调："特殊的人对特殊的事物拥有特殊的权利……对事物的特殊权利充满了权利的空间，没有为存在于某种物质条件下的一般权利留有余地。"[①] 如果说诺齐克所说的"特殊的人"是指现实生活中的每一个人，那么，其所言说的"特殊的权利"就是指应得的权利，因为认定每一个人都拥有特殊的权利，无非是强调每一个人的权利都是由其特定的资质、禀赋、贡献等因素所等价兑换来的，即从这些因素来看都是应得的。

因此，不管是在古典自由主义还是当代自由主义那里，以应得为基本含义的分配正义都被认为是平等的。只有根据人的天赋、努力、贡献和资质等来分配权利、自由、财富等社会善品，将人的收入所得与个人的特质或行为相关联，分配制度才没有侧重于某个人或某个群体的利益，因而保障了真正的公平和正义。然而，每个人的天赋、才能、体能、社会出身等都是不同的，所以以应得为基本内涵的分配正义不管在何种意义上向人们许诺了平等，事实上，都允许了一种不平等的分配结果，甚至这种分配所保障的结果不正义

[①]〔美〕罗伯特·诺齐克：《无政府、国家和乌托邦》，姚大志译，北京：中国社会科学出版社，2008年，第286页。

就是题中应有之义。诚如洛克在《政府论》所说:"所有的人生来都是平等的,却不能认为我所说的包括所有的各种各样的平等。年龄或德性可以给一些人以正当的优先地位。高超的才能和特长可以使另一些人位于一般水平之上。出生可以使一些人,关系或利益使另一些人,尊敬那些由于自然、恩义或其他方面的原因应予尊敬的人们。凡此种种都与所有人们现在所处的有关管辖或统治的主从方面的平等相一致。这就是与本文有关的那种平等,即每一个人对其天然的自由所享有的平等权利,不受制于其他任何人的意志或权威。"[①]这种应得权利作为一种平等权利,其分配制度取向就是以结果的不平等为必然前提而建立起来的。

此时,分配正义层面的资本主义制度正义就完成了为资本主义制度的财富不平等分配辩护的目的。基于应得的立场,使人们很容易理解且相信,一种不平等的分配结果是正义的。但是一个深刻的历史真相是,分配正义的实行和贯彻是一个继时性的历史事件,初始占有的不平等虽然看似遵循了平等原则,但是,相对分配的结果而言,它不仅没有体现正义原则,而且造成了更为深刻的不平等。

就此而言,资本主义制度中的分配正义从根本上保障的就不是正义,而是不正义。这就涉及分配正义的另一个问题:资本主义制度中的不平等分配之所以能被西方思想家论证为正义的,是因为自由主义者始终立足于资本主义制度这个单一的历史层面去审视分配

[①] 〔英〕洛克:《政府论》下篇,叶启芳、瞿菊农译,北京:商务印书馆,1964年,第34页。

正义。与之不同，唯物史观将分配正义纳入到历史的向度中，也正是在资本主义制度—社会主义制度—共产主义制度的历史向度中，才使得分配正义的全貌得以呈现，使人们更好地了解什么分配是正义的，什么分配是不正义的。也正是立足于未来社会主义制度的历史维度中，才开显出资本主义制度分配正义之形式性，也就是实质不正义性。因此，唯物史观从来没有拒斥分配正义，而是拒斥资本主义制度分配正义的实质不正义性。

资本主义制度中的分配不平等缘何是不正义的。从最基本的角度而言，资本主义制度中的分配从根本上是一种资本应得正义。在这种分配方式中，工人创造的财富不归自己支配，反而成为资本家的财产，而资本所有者通过占有生产资料占有了工人的剩余劳动，最终导致社会中的少数人掌握大多数财富，大多数人陷入贫困的贫富差距问题。随着生产力的发展，劳动者创造的劳动产品越多，越是被一个不从事生产劳动的、无所事事的资本家阶级所占有，劳动者生产了资本家的富裕，生产了自身的赤贫。此时，资本的购买力表现为一种权力，"资本家拥有这种权力并不是由于他的个人的特性或人的特性，而只是由于他是资本的所有者。他的权力就是他的资本的那种不可抗拒的购买的权力"[①]。劳动者在生产自身贫困和他人富裕的不平等结果时，也不断地生产和固定这种不平等关系，并且使这种不平等关系日益牢固，成为资本主义分配制度的一个显著特征。

---

① 《马克思恩格斯文集》第1卷，北京：人民出版社，2009年，第130页。

与奴隶制和封建制相比，资本主义应得正义是更加平等的分配形式，其进步意义在于，将家庭出身等人类无法选择的偶然性因素从分配的标准中剔除出去。根据这种解释，以资本应得为内核的分配正义并不包含着不平等的因子，因而也不管它会达成一种什么样的结果，本身就是具有正义的。但是，从唯物史观来看，这只看到了事物的现象，而没有看到事物的本质。"国民经济学从私有财产的事实出发。……没有向我们说明劳动和资本的分离以及资本和土地分离的原因。"[①] 也就是说，分配正义在本质上是实体化和制度化的劳动和资本的关系。因此，分配正义本身在其前提上就暗含了劳资分离这一深刻的不平等关系。如果将劳资分离作为暗含于分配正义中的更加深刻的不平等因素，那么个人的能力、体力、智力和天赋等道德偶然性因素，也是在前者的统摄下在分配中发挥着更隐晦的作用。在这种意义上说，以应得为基本内核的分配层面的资本主义制度正义，既不符合应得的精神，也与平等的要求相去甚远。具体而言，在《哥达纲领批判》中，马克思之所以认为"这种平等的权利，对不同等的劳动来说是不平等的权利"[②]，就是因为他看到了私有制的非正义性对分配层面的资本主义制度正义的前提性限制，进而看到了其实质不平等的问题。

因此，只有立足于结果主义的视角才能对分配层面的资本主义制度正义进行调控。也正是在这个意义上而言，唯物史观非但没

---

① 《马克思恩格斯文集》第1卷，北京：人民出版社，2009年，第155页。
② 《马克思恩格斯文集》第3卷，北京：人民出版社，2009年，第435页。

有忽视分配正义，而是批判建立在私有制基础上的应得权利，并且通过这一批判来建立更高阶的应得标准。事实上，透过这一批判的表象，可以窥见唯物史观对分配正义在应得层面的执着追寻。诚如金里卡所言，"既出现在诺齐克的自由至上主义中，也出现在马克思的共产主义中"[①]。唯物史观以结果主义的视角审视资本主义制度应得分配的做法，在当代自由主义者罗尔斯那里得到了支持。罗尔斯从社会弱势群体出发制定了具有平等主义倾向的差异原则。他认为，如果将一些天赋更好和出身更好的人从社会中获得更高的社会地位和更多的社会利益视为理所应当的话，这是一种极其不正确的观点。因为我们每个人对自己的天赋以及家庭出身都不是应得的，也就是说，由于这些偶然性因素导致的结果不平等是不正义的。因此，我们应当转换一下审视资本主义制度正义的理论视角，从社会弱势群体去追寻和建构一个可以保障个人权利的分配层面的制度正义体系。一个显而易见的事实是，罗尔斯从结果平等的视角出发，开显了对以往应得理论的批判维度，以及对自身具有平等主义倾向的制度正义理论的建构维度。但这种具有平等主义倾向的制度正义并不是对自由的戕害，而是试图沟通自由和平等的一种方式。同样，罗尔斯虽然批判了以应得为基本内涵的分配正义，但他的本意并不是为了批判分配正义，而在于使分配正义更好地在现实社会中实现。

---

① 〔加〕威尔·金里卡：《当代政治哲学》，刘莘译，上海：上海三联书店，2004年，第4页。

总之,"平等权利"与"不平等分配"的背后逻辑是分配层面的资本主义制度正义的内在悖论,而产生这一悖论性逻辑之本是以剥削为主要特征的资本主义生产方式。

第四节 以剥削为主要特征的生产方式与资本主义制度正义的不彻底性

如果想要认识资本主义制度正义的真实面相,需要深入到其生产方式领域中去审视"资本和劳动"的关系。在一定意义上而言,"资本和劳动的关系,是我们全部现代社会体系所围绕旋转的轴心"①。离开了对资本与劳动关系的讨论,也就无法认识资本主义制度正义的真实面相。在资本与劳动二者相伴而生的互相依存关系中,无疑资本是居于主导地位的一方,是资本主义制度所围绕旋转的"轴心",通过剥削和压榨剩余劳动来实现自身的增殖目的。"只要雇佣工人仍然是雇佣工人,他的命运就取决于资本。"② 当我们沉浸在对资本的本质以及这种增殖如何通过剥削剩余劳动而实现的事实性描述时,这就是一个事实问题。但是,当人们开始追问和反思资本逻辑占主导地位的雇佣劳动制度的合理性时,以剥削为主要特征的生产方式与资本主义制度正义的不彻底性的关系便被推上了

---

① 《马克思恩格斯文集》第3卷,北京:人民出版社,2009年,第79页。
② 《马克思恩格斯文集》第1卷,北京:人民出版社,2009年,第728页。

前台。

在对资本逻辑占主导地位的雇佣劳动制度的正义性说明上，学术界有一个流传已久的主导思想：资本主义私有制条件下资本与劳动的交换关系带来的资本增殖，是完全符合等价交换的价值规律的，资本增殖是资本自身之应得，因而是一种普遍的超历史的"天然正义"。具体来说，在资产阶级和古典政治经济学家看来，资本作为资本主义制度的核心范畴，最初表现为"庞大的商品堆积"和满足人们某种需要的"可感觉物"，并以此出发设定对资本正义性辩护的逻辑起点。比如斯密在《国富论》中将资本定义为是为了生产获利而积累起来的"预蓄财富"：一个人所有的资财，"如果足够维持他数月或数年的生活，他自然希望这笔资财中有一大部分可以提供收入，他将仅保留一适当部分，作为未曾取得收入以前的消费，以维持他的生活。他的全部资财于是分成两部分，一他希望从中取得收入的部分，称为资本。另一部分，则供目前消费"[①]。当资本作为一种生产工具参与到生产中时，通过购买劳动力使生产劳动成为创造价值的活动，使得资本得以增殖。由此可见，本来是作为劳动者本质力量体现的活劳动使资本这一死劳动实现了增殖，但在资本家这里，却巧妙地通过生产资料的占有而实现了"合法地"转变，创造价值的劳动成了依附于资本的一个要素，变成了资本本身的力，致使人们相信是资本自身实现了增殖，而与劳动者的劳动无

---

① 参见〔英〕亚当·斯密：《国民财富的性质和原因的研究》（上卷），郭大力、王亚南译，北京：商务印书馆，1983年，第254页。

关，资本增殖是一种天然正义。

但事实上，"资本不是一种物，而是一种以物为中介的人和人之间的社会关系"①。当生产资料和生活资料作为劳动者的财产时，不是资本，"只有在同时还充当剥削和统治工人的手段的条件下，才成为资本"②。这就鲜明地说出了资本主义制度的剥削本质。伍德作为为资本主义社会剥削辩护的代表性思想家，他认为在资本主义制度中，资本家对无产阶级的剥削不仅是正义的，而且这种剥削是与资本主义生产方式相适应的。这一立场无异于西方小资产阶级思想家的观点，将资本看作永恒的天然正义，把无产者的劳动正义视为不正义的主张。他们为了将资本正义美化为永恒正义，从而把唯物史观对资本主义制度正义的个别批判理解为唯物史观对正义理论的拒斥，从而形成了唯物史观拒斥正义理论的假象。

之所以资本主义剥削不同于前资本主义社会的剥削现象，它是建立在资本主义法权基础上的，以资本家和工人的雇佣劳动为关系依托，通过剥削他人劳动来获取资本增殖的剥削，具有形式上的自由，这也构成了资本主义剥削的虚伪性。在奴隶社会，奴隶主对奴隶的劳动及劳动产品具有完全的所有权，这种所有权关系决定了奴隶从事的奴隶劳动过程具有仅仅为奴隶主生产价值的单一性。在封建社会，地主对服徭役者的劳动及劳动产品具有不完全的所有权，这种所有权关系体现在徭役劳动过程中就表现为服徭役者生产

---

① 《马克思恩格斯文集》第7卷，北京：人民出版社，2009年，第922页。
② 《马克思恩格斯文集》第5卷，北京：人民出版社，2009年，第877—878页。

自己价值的劳动和为地主生产价值的劳动的二分性。然而，不管是奴隶劳动还是徭役劳动，统治阶级对被劳动者的剥削都是显而易见的，不仅具有实质不正义，而且具有形式上的不正义。在资本主义社会，资本家通过货币资本购买工人劳动力的使用权，这种具有法权形式的交易正义为资本主义剥削披上了神秘的权利面纱，但实际上资本家占有的却是工人的全部劳动过程和劳动产品，掩盖了资本家对工人的剩余劳动的剥削。由此可见，不同于奴隶社会和封建社会赤裸裸的剥削形式，资本主义剥削的独特性就在于其精巧性和隐秘性。

因此，只有深入到资本主义生产过程中，通过政治经济学批判呈现资本对劳动的无偿占有过程，才能更好地观察资本逻辑占主导地位的雇佣劳动的正义性问题。那么，在资本主义生产领域中，被资本家无偿占有的剩余价值究竟是从何而来的呢？马克思通过区分不变资本（c）和可变资本（v）揭示了剩余价值是由劳动力带来的。从是否可以带来剩余价值的角度可以将资本区分为可变资本和不变资本。所谓可变资本是能够带来剩余价值的用来购买劳动力的那部分资本，也就是说可变资本在资本主义生产过程中不仅生产出购买劳动力的价值，而且还生产出超出自身价值的剩余价值（m）。所谓不变资本是在资本主义生产过程中自身价值量保持不变的那部分资本，即用来购买生产资料的那部分资本。因此，无产阶级应当占有自己生产出来的剩余价值。然而，在现实层面，剩余价值却被资产阶级无偿占有。

马克思在《政治经济学批判大纲》以及《资本论》的"资本的

原始积累"一节中通过区分资本第1循环和资本第2循环进一步阐述了资本的增殖过程,使资本主义制度的剥削本性昭然若揭。资本第1循环,主要指的是潜在的资本家用非剩余资本(G0)购买他人的劳动和生产资料,将二者统一到生产过程中,并通过商品流通以获得增值的货币(G')。G'由原始的非剩余资本G0和新出现的"剩余资本I"(G1)组成。但是资本家并不止步于此,而是通过"剩余资本I"(G1)进行第2轮生产,最终生产出"剩余资本II"(G2)。资本家在这一循环过程中发挥了巨大作用,通过增值的货币(G')购买廉价的劳动力和生产资料,生产出"剩余资本II"(G2)。此时,资本家并没有停下敛财的步伐,继续将"剩余资本II"(G2)投入到第3循环,以至无穷。可以看出:

(1)在"第1循环"结束时,最初投入的货币获得了增殖,转变为资本。货币转变为资本最根本的原因就是资本家用廉价的成本购买劳动力,使其从事劳作活动,资本家榨取工人的剩余价值(G1),剩余价值是资本家增加积累和转化为资本的关键。这部分剩余价值被资本家无偿占有,工人只能获得和劳动完全不匹配的工资。通过这一轮的榨取资本拥有了对劳动力的购买力和统治权,然后利用这些资本开始了第2循环。

(2)与"第1循环"相比,"第2循环"的性质已经发生了根本变化。从表面看,资本家虽然付给了工人工资,但是工资本身就是工人自身生产的剩余价值,因此,资本家并没有付出任何报酬而直接占有了工人的劳动。也就是说,这里的资本家与工人的等价交换,看似是一种交换,但实际上已经不再是交换,或者说根本没有交换。

（3）在"第2循环"结束时，资本家不仅拥有剩余资本Ⅰ，而且还拥有剩余资本Ⅱ。资本家为了获取更多的利润，将这些剩余资本再次投入到下一轮生产中。此时，资本家的原始资本已经退出生产领域，由"第2循环"中产生的"剩余资本Ⅱ"投入到生产中继续生产剩余价值。这意味着，资本家对工人的剩余价值的剥夺是不断重复进行的，不停地将不属于自己的劳动据为己有，资本家的这一行为就是一种犯罪；而且还要如此往复地无偿领有和剥削他人的劳动成果，可谓是耸人听闻。

"资本的两次循环"过程可以清楚地揭露这样一种事实：劳动者因为被剥夺了劳动条件而被嵌入到资本增殖体系中，从事循环往复的被压榨劳作。因此，资本主义制度正义的不彻底性，也并非只是生产资料的初始分布不平等，而且体现和贯穿于资本主义生产过程中。如果将不正义归结为生产资料初始分配的不平等，那就似乎在说，不正义源于资本主义之前的财富不均，而资本主义生产方式本身没有问题。这样一来，资本主义的不正义很容易被归结为某种偶然性因素，如勤奋、努力和天赋，这是自由主义者惯用的手法。通过资本的两次循环，将资本增殖的剥削本性展露无余，就会发现资本主义生产方式不只是初始分配的不正义问题，而是贯穿于资本主义生产始终。

通过"资本的两次循环"可以对学术界的一个争议进行回应，即在资本主义制度中的剥削，是不是正义的？或者说，以剥削为主要特征的资本主义生产方式，是否展现了资本主义制度正义的不彻底性？一种观点认为，这种剥削事实在价值层面就展现为不正义。比如，柯亨就对此做了十分有洞见的分析：资本所有者对劳动力所有者的剥削是通过不正当手段窃取了本属于别人的劳动成果，这本质上是一种盗窃，盗窃无疑是非正义的，因此，基于盗窃的雇佣劳动制度就是不正义的。一些自由主义者对此提出了异议，比如诺齐克认为："在一个工人并非被迫同资本家打交道的社会里，对劳动者的剥削就不会存在。"① 在诺齐克看来，资本家与无产阶级的工资关系纯粹是双方自愿的行为，并没有任何强迫的成分，因此，劳资双方的工资交易关系是完全符合形式正义的，即使这一交易导致了财富占有不正义的事实，也是正义的。甚至剥削是一种不正义的提法在分析马克思主义者内部遭到了质疑，在他们看来，掠夺和盗窃等词汇都不能表明剥削是不正义的，因为资本家对劳动者劳动产品的无偿占有不是一种不正义的行为，也就是说，虽然这一剥削行为充满了奴役、压迫、剥削，但是马克思并没有将之批评为不正义。一句话说来，剥削从本质上而言就是不正义的。事实上，马克思在《资本论》的多篇章节中立足于道义层面批判了资本主义剥削制度的对抗性。资本不仅侵占了工人的成长空间、维持身体健康必须的时间，而且资本的增殖本性一再突破工人的正常工作限度，从而挤压了工人的基本生活需求，甚至现代工厂手工业催生了更为恶劣的工作条件，"……剥夺了工人必不可少的劳动条件——空间、光

---

① 〔美〕诺齐克：《无政府、国家和乌托邦》，姚大志译，北京：中国社会科学出版社，2008年，第304页。

线、通风设备等等"①，使工人的生存境况更为恶劣，即工人在现代工场手工业中被当作现代生产中的活机器而不是人被对待的现实处境。在现代大机器生产中，分工不仅催生了生产要素的有效配置，而且使从事劳动的人从总体性存在被肢解为局部存在，使他们作为资本主义生产链条中的一环。"在资本主义制度内部，一切提高社会劳动生产力的方法都是靠牺牲工人个人来实现的；一切发展生产的手段都转变为统治和剥削生产者的手段，都使工人畸形发展，成为局部的人。"②

从"资本的两次循环"可以看出，所谓剥削不仅是停留在道义层面的道德概念，而且是具有事实根据的政治经济学概念。作为内蕴着价值取向的政治经济学概念，剥削表达的无非就是第二次循环的内容，即从事生产劳动的人一无所获，不从事生产的人却不劳而得，在雇佣劳动制度中，劳动和资本的统一无从谈起，更多的是一种资本对劳动的剥削和压迫。资本家不劳而得，通过不正义的行为侵占他人的劳动成果。雇佣工人劳而不得，通过自己的劳动生产他人的富裕。通过前面的分析，"第二次循环"是对"第一次循环"中所许诺的正义价值的违背，更是对资本主义制度所承诺的自由和平等的背叛。从这层意义上而言，剥削毋庸置疑是不正义的，用剥削来批判资本主义制度正义的不彻底性也具有理论上的合理性。因此，将这个问题纳入政治经济学的批判语境中，而不是停留在简单

---

① 《马克思恩格斯文集》第5卷，北京：人民出版社，2009年，第532页。
② 《马克思恩格斯文集》第5卷，北京：人民出版社，2009年，第743页。

的道德批判维度，就能使资本主义制度正义的不彻底性一览无遗。

如果只是停留在表象层面，资本主义制度中的剥削行为似乎正在削弱，其不正义性也并未达到马克思所揭示和批判的那样令人发指，这主要是源于西方发达资本主义国家中工人的工资收入、工资环境、工作强度、工作时间以及生活水平随着福利政策的推行而不断改善。然而，如果立足于全球视野，实行资本主义制度的发达国家的高福利在很大程度上是通过剥削其他落后国家来实现的，如通过跨国转移等手段。当然这并不意味着发达资本主义国家的劳动者直接剥削了贫困国家的劳动者，而是说资本通过在落后国家实现其增殖本性为发达国家自身实行高福利政策提供了巨额财富。但是，资本主义制度的生产方式因其增殖本性不会也不可能实现全球贫困人口的高收入和高福利，也就是说资本主义制度的剥削本性无法根除。可以说，这一行为是与日俱增的，以更加不可察觉的方式渗透到全球制度体系中，这是资本逻辑的必然结果。对于这一现象，正如英国马克思主义的重要代表人物梅扎罗斯所认为的那样，资本主义制度正义的不现实性并不是体现在其一国范围内，随着全球市场体系的形成以及生产力的高速发展，由资本逻辑主导的生产体系的剥削本性必然走出资本主义制度而走向世界市场，使发展中国家在这一制度体系中处于不利地位。如果立足于唯物史观的视野去分析剥削之所以产生的根源在于资本主义制度正义的不彻底性，那么，只有推翻资本主义制度，建立社会主义制度，才能为我们寻得一条消灭剥削的有效制度正义路径。

第四章　以人为根本的社会主义制度正义

基于马克思主义唯物史观的正义思想，分析以人为根本的社会主义制度正义。第一，"生产"在社会主义制度正义中具有基础性和决定性地位。生产方式决定分配方式，以生产领域而不是分配领域为基点，才是把握和建构社会主义制度正义的要义所在。第二，按劳分配和按需分配制度作为人本层面的分配制度，指向人的自我完善和自我实现。第三，人的自由全面发展是社会主义制度正义的根本价值原则，与资本主义制度正义有着根本不同。第四，人的自由全面发展只有在自由人的联合体即共产主义社会中才能实现，这是社会主义制度正义实现的旗帜和理想社会形态，在政治层面表现为"真正的民主制"，在经济层面表现为"重新建立个人所有制"[①]。

---

① 《马克思恩格斯文集》第 5 卷，北京：人民出版社，2009 年，第 874 页。

第一节 "生产"在社会主义制度正义中的基础性地位

唯物史观在批判资本主义制度正义的基础上走向了更深刻的"生产正义",生产的正义性与否是唯物史观批判资本主义制度正义的核心标尺。马克思正是在物质生产领域考察正义问题,才得以建构社会主义制度正义思想。这一思想的形成,伴随着马克思对思辨哲学的批判与超越,对生产方式和经济领域的深入考察等思想历程。

在撰写博士论文期间,马克思持有的是自由主义正义思想。对自由和平等的追寻,对价值和尊严的呼唤是其早期作品的核心主题。此时,马克思憧憬的正义是建立在抽象自我意识基础上的自然正义,并没有超越自由主义正义思想的思辨性和抽象性。如果说此时马克思认为正义的实现是在逻辑层面或形而上学层面展开的抽象表达,那么到《莱茵报》时期,随着马克思对当地农民生活状况的深切关切,他意识到了当地穷人的不公平处境,开始对普鲁士当地的制度、法律、权利的不正义性进行了现实批判。马克思认识到应当深入到人与客观世界的感性活动中探究通往正义的现实路径,即应当把对正义的思考和现实条件结合起来,如果仅仅停留在形而上学层面,追求的只能是经院哲学的抽象正义。然而,马克思此时还没有做到对资产阶级自由主义正义思想的彻底反思,仍然囿于形而上学的思维方式将正义的实现付诸法的正义。《德法年鉴》时期马克思进一步展开了对自由主义正义思想的批判,可以说,这一时期不仅是马克思同自由主义正义思想决裂的过程，也是马克思深入人类思想史从现实的物质利益视角出发寻找社会不正义根源的过程。

在《关于费尔巴哈的提纲》中，马克思从新实践观出发建构了不同于自由主义思想的新哲学。正义问题不仅是一个抽象的思辨问题，更是一个关照现存世界的现实问题。在唯物史观经典著作《德意志意识形态》中，马克思进一步指出："人们的想象、思维、精神交往在这里还是人们物质行动的直接产物。"[1] 简言之，正义问题从根本上根源于社会物质生产。此时马克思已经奠定了从物质生产出发透视资本主义制度不正义的生产逻辑，并为建构社会主义制度正义思想奠定了唯物史观的基础。

基于唯物史观的视角，生产是实现社会主义制度正义的中心环节，而不是分配。马克思在《1857—1858年经济学手稿》中的首句提到"摆在面前的对象，首先是物质生产。"[2] 这不仅指出生产的重要地位，并进一步强调物质生产对分配方式的决定性作用，指出分配方式以及以此为基础形成的分配关系只是表现为生产要素的结果和产物。概言之，这一论述强调了生产在社会生产过程中的基础性地位，重置了物质生产与制度正义的关系。在《资本论》第3卷中，马克思进一步指出要"从直接生活的物质生产出发阐述现实的生产过程"[3] 以及各种形式的意识形式。这一说法并不是对某种正

---

[1] 《马克思恩格斯选集》第1卷，北京：人民出版社，2012年，第151页。
[2] 《马克思恩格斯全集》第30卷，北京：人民出版社，1995年，第22页。
[3] 《马克思恩格斯选集》第1卷，北京：人民出版社，2012年，第171页。

义原则的阐释和说明，只是为我们提供了一种思考制度正义的方法论依据，即应当立足于经济事实去思考正义原则和正义理念。换言之，这段话表达的是一种考察正义问题的方法：正义不是先于物质生产方式的先验价值观念，要基于物质生产方式这一参照坐标来分析正义问题，并在此基础上探寻通达制度正义的科学路径。唯物史观对生产的重视无须多言，基本达成学界共识，但问题是唯物史观为什么要强调生产环节在社会主义制度正义中的首要性呢？

对社会主义制度正义这一价值理想的追求和期待，并不是马克思恩格斯的专利，与其同时代的空想社会主义者，也表达了期望通过变革分配方式来实现社会主义制度正义的理性。以蒲鲁东为例，他试图通过资本普遍化的方式实现工资平等，并进而建立社会主义制度，又如拉萨尔派试图通过调节劳动所得的分配方式消灭资本主义剥削，实现社会主义制度正义。这些论述都反映了空想社会主义者试图通过改变分配方式来消灭资本主义剥削，进而实现社会主义制度正义的价值理想。这与当代自由主义者如罗尔斯、德沃金和阿玛蒂亚·森等试图在分配领域实现制度正义具有某种意义上的同质性。针对自由主义者和空想社会主义者在"分配问题上大做文章并把重点放在它上面"[①]的做法，马克思依据唯物史观直截了当地指出这是错误的。把分配从完整的经济过程中孤立出来，并看作是不依赖于生产而独立存在的环节，流觞于资产阶级经济学家，甚至被庸俗的社会主义者广为推崇并处处效仿，一部分民主派又效仿庸俗

---

① 《马克思恩格斯文集》第3卷，北京：人民出版社，2009年，第436页。

社会主义者，认为从分配领域就可以发现实现社会主义制度正义的秘密，这不过是开历史的倒车罢了。他们没有从完整的经济链条中来看待分配，而是把经济链条的各个环节一一割裂开来加以孤立地研究，完全忽略了各个经济环节之间的有机联系。他们将这一经济运行过程简单地理解为，劳动者生产出的产品按照一定标准进行分配，然后再通过交换的方式实现产品的再分配，产品通过消费成为个人享受的对象。然而，在现实层面，一个完整的经济运行链条是由生产、消费、交换、分配等环节组成的有机整体，任何一个环节都不可或缺，彼此之间形成一个相互影响和相互制约的有机整体。分配环节只是这个经济运行链条中不可缺少的一个环节，如果将其从中孤立出来进行研究，不仅不能发现资本主义制度正义的幻象，也不能探寻实现社会主义制度正义的有效路径。

由上可知，虽然空想社会主义者也强调社会主义制度才是正义的制度，但是却不同于唯物史观所强调的社会主义制度正义。换言之，虽然空想社会主义者与唯物史观都强调社会主义制度正义的美好目标，但二者对于应当如何实现这一目标的价值立场却是不同的，甚至在唯物史观的视野中，前者的价值立场是应当加以批判的对象。也就是说，同样的制度正义目标并不是说明彼此立场一致，而应当是为自身立场辩护的方式决定了自己的价值立场。空想社会主义虽然批判了资本主义制度的不正义，也在实现社会主义制度的正义目标上更近了一步，但是从根本来说，仍然没有逃离资产阶级停留在分配层面以及诉诸思辨逻辑来解决制度正义问题的改良主义路径。如果把实现社会主义制度正义的注意力放在分配领域，认为制度正义的主要问题是分配问题，就会把社会主义制度正义引向抽象的正义理想和意识形态辩护。恩格斯对此评价道，他们都想建立理想的永恒正义王国，但是按照这种运思思路建立的理想王国也是不合理的和非正义的。这是因为人们还没有发现和探索到什么是真正的理性和正义。归根结底，这些理论之间的质的区别不仅在于价值主张，而且根本上在于以什么方式为自己的价值主张进行正当性辩护，也正是在为立足于生产在社会主义制度正义辩护路径的意义上而言，使马克思建立了不同于空想社会主义的科学社会主义。

如前所述，在完整的经济运行过程中，生产是起点，消费是终点，分配和交换则是连接生产和消费的中间环节。在此意义上，生产是一般，分配和交换是特殊，消费是个别。资产阶级经济学家往往忽视生产的历史性，认为资本主义制度的生产等同于所有社会制度中的生产。这在某种意义上，就是把生产勾勒成"局限在与历史无关的永恒自然规律之内的事情"[①]，对生产做这一理解的直接后果便是将资本主义生产方式论证为超越历史存在的永恒存在。这是源于资产阶级经济学家只看到各个经济要素之间的肤浅联系而不能深入基于当下的历史条件对生产做具体的、整体的理解。也就是说，生产并不具有一般性和普遍性，特定历史阶段下的生产具有特定的特征，深受特定历史条件的影响，随着生产力的发展，生产也在不断发展变化中，生产过程实质上是一个动态变化的过程。

根据唯物史观，可以将李嘉图使用的生产、消费、分配和交

[①] 《马克思恩格斯文集》第8卷，北京：人民出版社，2009年，第11页。

换这四个经济范畴分为三个部分："消费与生产"、"分配与生产"、"交换与生产"。生产作为经济运行过程中的支配性环节，不仅决定着其他三个经济要素的实现方式，还是决定分配正义的根本因素。也就是说，唯物史观对社会主义制度正义的论述不是道德辩护，而是通过整体性视角深入到资本主义生产关系内部，通过揭示"生产、分配、交换和消费"之间的辩证统一结构，更加清晰地呈现生产的历史性，从而实现社会主义制度正义之生产性的建构。

其一，就生产和消费来说，二者是辩证统一的。生产过程也就是劳动力和生产资料的消费过程。人对产品的消费不断生产人自身，同时也是不断生产新需要的过程。生产就是消费，消费同时也是生产。生产为消费提供消费材料和对象，决定消费水平的高低。消费使劳动产品成为现实的产品，"生产不仅直接是消费，消费不仅直接是生产；生产也不仅是消费的手段，消费也不仅是生产的目的"[①]，也就是说，生产过程包含着消费过程，消费过程蕴含着生产过程，前者为后者提供的是一种客观对象，后者为前者提供的是一种潜在对象。生产和消费不是直接就作为另一方而存在，而且二者互为中介，在实现自身的过程中创造对方，并且在创造对方中实现自身。

其二，就生产和分配来说，生产过程直接体现了生产工具的分配以及劳动者在不同岗位的分配。因此，生产过程本身就体现着分配过程。分配指向劳动产品的分配，分配方式和分配结果并不是孤

[①]《马克思恩格斯全集》第30卷，北京：人民出版社，1995年，第34页。

立的，而是由生产方式决定的。就如在资本主义生产方式中，劳动者以雇佣劳动的方式进行生产，那么就以工资的方式参与劳动产品的分配。"分配的结构完全取决于生产的结构。"[①] 生产决定分配，不仅决定分配对象，而且决定分配形式。就分配对象而言，只能是生产的产品；就分配形式而言，生产方式决定分配方式。总之，分配在本质上是由生产决定的，社会成员依据什么方式占有生产资料，获得劳动产品，相应地，就会形成与之匹配的特定历史阶段的分配方式，这不仅是由生产关系决定的分配，也是由生产方式决定的分配，而不是古典经济学家所宣称的基于雇佣劳动制度的按照生产要素分配，后者掩盖了资本主义生产方式的剥削本质，进而使资本主义制度的剥削"正义化"。

其三，就生产和交换来说，二者是互为前提的辩证关系。生产作为经济运行过程中的支配性因素，不仅决定着分配方式，同时也决定着交换方式。交换作为分配和消费的中间环节，显然也作为"生产的要素包含在生产之内"[②]。交换具有双重内涵，一是在生产过程中的交换，比如劳动能力的交换；另一个就是生产之后所进行的交换，比如劳动成果的交换，前者是与生产过程相互统一，从属于生产的，后者则是生产的结果。如果交换的目的是为了消费，那么生产与交换之间虽然没有形成直接关系，但是通过分配形成了间接关系，在这一关系中，生产决定着交换。

---

① 《马克思恩格斯全集》第 30 卷，北京：人民出版社，1995 年，第 36 页。
② 《马克思恩格斯选集》第 2 卷，北京：人民出版社，2012 年，第 698 页。

通过以上对生产、分配、交换、消费四个经济要素之间关系的分析可以看出，这四者都不是孤立存在的，而是作为一个紧密相扣的有机整体。如果对这四者进行逐一的正义解构，是有悖于唯物史观的。因此，必须立足于生产方式的整体性结构去审视和思考社会制度的经济运行，并从整体性视角去分析和揭露资本主义制度的非正义。也就是说，尽管"在一切社会形式中都有一种一定的生产决定其他一切生产的地位和影响"①，不过，任何一种简单的经济范畴只有在更高历史阶段的社会中才能得以充分发展，也只有置身于生产关系的整体性框架中才能得以充分理解。因此，对经济范畴的理解不在于"它们在历史上其决定作用的先后次序"，也不在于它们在"观念上……的顺序"，"而在于它们在现代资产阶级社会内部的结构"②的地位和作用。因此，在对经济生产过程的整体性结构分析中，实现了生产正义和分配正义的统一。社会主义制度正义最终表现为"生产—分配"的双重正义结构。

不过，虽然不能就生产而言生产，就分配而言分配，二者是一种相互制约和相互影响的关系。但是，在"生产、分配、交换、消费"这一整体性辩证结构中，生产不仅是出发点，也是决定性要素。分配方式和分配形式受制于特定的生产方式。也就是说，较之于分配而言，生产在社会主义制度正义中具有更为根本性的地位，分配方式受制于生产方式，是其下阶位概念。

---

① 《马克思恩格斯文集》第8卷，北京：人民出版社，2009年，第31页。
② 《马克思恩格斯选集》第2卷，北京：人民出版社，2012年，第708页。

因此，唯物史观寻求的社会主义制度正义倡导的是一种整体上的正义，是建立在公有制基础上的生产正义。生产正义从根本上关注的是资本主义生产方式，指出资本主义私有制是资本主义制度不正义的根源。必须变革以生产资料私有制为基础的资本主义生产方式，建立以生产资料公有为特征的所有制，才能真正实现社会主义制度正义。简言之，生产正义的最终形成与唯物史观对资本主义私有制的批判密切相关。

唯物史观从事实和价值层面批判以劳动和生产资料的分离为主要特征的资本主义生产方式：一方面，异化劳动理论认为正是因为劳动和生产资料的分离，导致了人的本质的全面异化和全面丧失，使人重新占有自己的本质的关键在于扬弃生产资料私有制，实现劳动和生产资料的统一，才能彻底解决人的本质的异化问题；另一方面，剩余价值理论认为，正是因为劳动和生产资料的分离，才使资本主义的生产过程表现为资本增殖过程。在这一生产过程中，资本家通过占有生产资料占有权而极尽压榨之能事，无偿占有劳动者创造的剩余价值，甚至将克扣工人时间发挥到了极致，甚至将工人的吃饭时间都并入资本增殖过程之中，"因此对待工人就像对待单纯的生产资料那样，给他饭吃，就如同给锅炉加煤、给机器上油一样"[①]。不仅如此，马克思还运用唯物史观分析了资本原始积累的过程，深刻揭露了资本主义私有财产的初始占有是暴力掠夺的结果。相比于诺齐克从财产的初始占有出发而提出的"获取正义"理论，

---

① 《马克思恩格斯选集》第2卷，北京：人民出版社，2012年，第191页。

马克思对资本主义原始积累的分析，不仅从理论上而且从历史事实的角度说明了资本主义生产方式的非正义性，构成了对诺齐克获取正义理论的有力反驳。

因此，我们可以这样解读《哥达纲领批判》中"劳动不是一切财富的源泉"[①]的观点。这一观点与《哥达纲领批判》第一条纲领"劳动是一切财富的源泉"直接相关，从表面看，这一观点是对拉萨尔派小资产阶级立场的批判，但是在更深层的原因上亦是对资本主义生产方式的批判。我们通常认为，"劳动不是一切财富的源泉"这一观点似乎与马克思的人道主义立场相矛盾。如果劳动产品来源于工人的辛勤劳动，那么，工人应该占有此类劳动产品，但在资本主义生产关系中，工人却生产了一个异己的存在：资本家。资本家通过占有生产资料占有了工人阶级的剩余劳动，最终造成资本家不劳而得，工人劳而不得的非正义现象。这种不正义现象的根本就是劳资分离的资本主义生产方式，这种生产方式的不正义，导致了以这种生产方式为基础的资本主义制度的不正义。因此，"劳动不是一切财富的源泉"的论点似乎削弱了唯物史观的阶级立场。其实不然，这一观点乃是在社会历史的发展规律上，对资本主义制度的剥削本质，以及必然被社会主义制度取代的必然性的阐释。因为，物质产品的生产是劳动者以自然界为劳动对象的人的本质力量的对象化过程。这一物质转化过程涉及自然界和劳动两个方面，只有在劳动和生产资料实现统一的情况下才能说"劳动是使用价值（财富）

[①]《马克思恩格斯文集》第 3 卷，北京：人民出版社，2009 年，第 428 页。

的源泉"。因此,"劳动不是一切财富的源泉"这句话的完整意蕴应当是:在以私有制和雇佣劳动制度为代表的资本主义生产方式中,劳动不是一切财富的源泉。

因此,社会主义制度正义必须走出分配领域的局限,直指生产方式变革,实现生产资料公有制,才能扬弃"'做一天公平的工作,得一天公平的工资!'这种保守的格言"①,消灭资本家对雇佣工人的剥削和压榨,实现人与人之间自由和平等的劳动关系,并在此基础上联合起来进行生产劳动。"生产资料的全国性的集中将成为由自由平等的生产者的联合体所构成的社会的全国性基础,这些生产者将按照共同的合理的计划自觉地从事社会劳动。"② 社会主义制度的生产资料所有制,特点集中在两个方面:第一,全体劳动者共同占有和使用生产资料;第二,在共同占有和使用生产资料的基础上,重新建立个人所有制。对于这一所有制状态,恩格斯进行了详细的阐述,重新建立个人所有制,就是打破原有的靠资本家的剥削而建立起来的所有制状态,"在协作和对土地及靠劳动本身生产的生产资料的共同应有的基础上"③重新建立。也就是说,土地和生产资料归社会所有,劳动产品也就是消费归个人所有。唯物史观从人类历史发展的视角描绘了这样一种生产资料公有制的场景:劳动者结合成一个联合体,他们共同占有和使用生产资料,自由而平等地从事生产劳动,生产劳动的成果归联合体所有成员共同所有,其

---

① 《马克思恩格斯文集》第3卷,北京:人民出版社,2009年,第77页。
② 《马克思恩格斯全集》第18卷,北京:人民出版社,1964年,第67页。
③ 《马克思恩格斯文集》第5卷,北京:人民出版社,2009年,第874页。

中一部分作为生产资料重新投入到生产当中，另一部分作为生活资料用于联合体成员各种各样的消费。由上可以看出，生产正义的核心主张是，实现社会主义制度正义的根本在于变革以私有制和雇佣劳动制度为代表的资本主义生产方式，建立生产资料共同所有的所有制基础，否则，社会主义制度正义无法得到真正的实现。

如果从关注社会生产方式的正义观出发，那么就要求对制度正义的分析必须深入到生产领域中去，生产领域对于制度正义问题的解决具有优先性地位。然而，生产正义不是对分配正义的否定，而是指向一种容纳生产正义的更广阔的分配正义。或者说，如果要证明生产正义可以完全驳倒或替代分配正义，那么就要说明生产正义可以解决分配正义所指向的现实问题。如果说生产正义指向特定社会的生产方式，那么分配正义所面临的现实问题便是资源的有限性以及人的需要之间的矛盾。人作为一种社会存在物，很难在现实生活中独立生存，这是因为：其一，作为个体，人的力量过于弱小，不能单独完成任何繁重的劳动；其二，因为人的劳动要满足自身多种多样的需要，所以在任何特殊技能方面都不可能做得十分出色；其三，由于人的能力和成就并不是在一切时刻都是等同的，所以一旦遭受挫折，便不可避免地要遭受毁灭和苦难。因此，要想克服人类面临的现实困境，必须进行分工和协作，在分工和协作中结成一定的社会关系。但是人类的分工和协作并不是一劳永逸地解决问题的办法，它使人们在克服独立生存的困境时，又制造了人与人之间分配劳动产品的冲突。外部资源相对于日益增多的人口来说总是匮乏的，以至于并不是每个人的需要都能够得到满足，只有部分人的需要得到满足，而这些人又不是极端自私和无限慷慨的。换言之，他们既不具有高尚的品质以将自己的财富分享出来，也不是极端自私使得人与人之间陷入狼的状态，此时，分配正义问题才得以产生。因此，休谟认为分配正义问题"起源于人的自私和有限的慷慨，以及自然为满足人类需要所准备的稀少的供应"①。罗尔斯继承了休谟的这一分析思路，也同样强调"客观环境中的中等匮乏"以及"主观环境中的利益冲突"②是产生分配正义的历史条件。马克思也看到了资源稀缺是产生分配正义问题的客观因素，资本家垄断了生产资料，无产阶级由于缺少生产资源而不得不出卖自身的劳动力，挤压自身的发展空间。但是与局限于消费资料分配的分配正义不同，马克思将分配正义问题的解决诉诸生产资料所有制的变革。也正是如此，社会主义制度正义中的分配正义概念是一种不同于消费资料分配的新的分配正义概念：指向生产资料分配的分配正义。社会主义制度正义中的分配不仅能够对生产的结果进行分配，而且坚持历史性原则，突破了局限于消费资料分配的狭隘视域，同时也关注生产资料分配。因此，社会主义制度正义中的分配正义追求的是在生产资料的分配过程中消灭资本家对无产阶级的压榨、剥削和奴役，最终实现社会主义制度正义。

通常的一个看法是，唯物史观对分配正义问题的解决诉诸物

---

① 〔英〕休谟：《人性论》下册，关文运译，郑之骧校，北京：商务印书馆，1980年，第532页。
② 〔美〕罗尔斯：《正义论》，何怀宏、何包钢、廖申白译，北京：中国社会科学出版社，2009年，第98页。

质的极大丰富，但一个无法回避的问题是，在这一时代到来之前，人类将在很长一段时间内处于物质匮乏的状况。因此，柯亨认为："马克思主义把物质的高度富足视为解决社会问题的办法，这是与马克思主义者不愿意与某些资产阶级的根本价值观彻底决裂有联系的。这种'马克思主义的技术麻醉剂'是一种规避正义问题的手段，但是，对于任何想把马克思主义传统发扬光大的人来说，现在都不可能心安理得地对正义问题避而不谈。"[1]那么，在这一漫长的历史进程中，起决定作用的无疑是生产力的极大发展。生产力发展一方面为分配正义提供丰富的物质基础，一方面又敲响了资本主义生产方式的丧钟，建立生产资料公有制。"资本的垄断成了与这种一起并在这种垄断之下繁盛起来的生产方式的桎梏。……资本主义私有制的丧钟就要响了。"[2]生产正义和分配正义在这里就达到了耦合。

那么，社会主义制度正义是如何审视生产正义与分配正义的关系问题呢？生产正义所揭示的最为重要的问题是，资本主义社会中的非正义是隐含在生产领域中的，而资本主义又通过关注消费资料的分配正义来实现资本主义制度正义，因此，资本主义制度正义是不彻底的。实际上，关注资本主义生产方式的生产正义，与关注生产资料分配的分配正义，二者有着共同的理论指向——生产领域，以及为实现社会主义制度正义提供了同样的实现路径——消灭资

---

[1]〔英〕G. A. 柯亨：《自我所有、自由和平等》，李朝晖译，北京：东方出版社，2008年，第135页。
[2]《马克思恩格斯文集》第5卷，北京：人民出版社，2009年，第874页。

本主义私有制。

首先，生产正义反对局限于分配领域实现社会主义制度正义的做法，而是要求对社会主义制度正义的分析必须深入到生产领域中去，从生产领域出发才能真正解决社会主义制度正义问题，而关注生产资料分配的分配正义也同样反对局限于分配领域去实现社会主义制度正义的做法，它所要实现的不是消费资料的分配正义，而是生产资料的分配正义，这同样意味着，社会主义制度的分配正义强调生产领域的基础性地位。工人在资本主义生产方式中一无所有，只拥有自己的劳动力所有权，资本家通过占有资本而无偿占有工人的劳动。"这是资产阶级生产方式的基本条件，而决不是同这种生产方式毫不相干的偶然现象。这种分配方式就是生产关系本身，不过是从分配角度来看罢了。"[1] 因此，正如柯亨所说，当马克思强调生产而不是分配在社会主义制度正义中的重要地位时，实际上是把"消费资料的分配"缩写为"分配"。也就是说，"马克思不是说'放弃你对公正分配的迷恋'，他是在说：'致力于你对根本层面上的适当分配的关心。'"[2] 这表明，在唯物史观的视域中，并没有舍弃或抛弃分配正义问题，而是立足于生产领域，开辟了一个全新的讨论分配正义的问题域——生产领域。这也就是说，唯物史观中的分配正义和生产正义同样强调从生产领域出发解决社会主义制度正义问题。

---

[1] 《马克思恩格斯文集》第8卷，北京：人民出版社，2009年，第208页。
[2] G. A. 柯亨：《自由、正义与资本主义》，张春颖译，载吕增奎编：《马克思与诺齐克之间》，《G. A. 柯亨文选》，南京：江苏人民出版社，2007年，第49页。

其次，基于唯物史观的视角，生产正义和分配正义都要求变革资本主义私有制。生产正义要求变革劳资分离的资本主义私有制，才能实现社会主义制度正义。而分配正义同样认为造成资本主义制度正义不彻底性的原因在于生产资料的不平等分配，而私有制是造成生产资料不平等分配的根源。具体来说，生产资料私有制造成了劳动与生产资料相分离的历史前提，所以，无论是生产正义，还是分配正义，最终都将社会主义制度正义的实现落实为生产方式的根本变革，即废除私有制。

第二节 从"按劳分配"到"按需分配"：分配层面的社会主义制度正义

当我们在厘清所有制和正义、生产正义和分配正义的深层次关联的基础上去考察社会主义制度正义的时候，并不是否定分配正义在社会主义制度正义中的地位和意义，其目的是划清分配正义在社会主义制度中作为一种研究范式的价值指向和理论界限，探寻一条通往社会主义制度正义的可行路径。在唯物史观的视野里，不仅论证了公有制在社会主义制度正义中的基础性地位，而且提出了与之相匹配的分配制度：按劳分配与按需分配。这不仅是唯物史观社会主义制度正义独有的理论效应，也是唯物史观社会主义制度所内蕴的独特的分配层级。

"按劳分配"作为人类进入社会主义制度以后第一层级的正义

原则，卷携着资本主义制度的色彩，因而没有摆脱资产阶级法权的烙印，仍然是唯物史观批判的对象。然而，对按劳分配的清算和澄清并不代表唯物史观对正义原则的态度。唯物史观对"按劳分配"法权原则的批判源于拉萨尔主义者对按劳分配正义原则的混用，以及在工人运动中造成的混乱局面。

《哥达纲领批判》是马克思晚年清算小资产主义者拉萨尔的经典著作。这部著作首次明确表述了未来社会的阶段性划分，将按劳分配作为社会主义初级阶段的分配制度，并且从分配主体、分配对象、分配的标准和尺度等方面详尽地阐述了按劳分配制度。但是，按劳分配思想也是一个逐步形成的过程，并不是一蹴而就的天才构想。早在19世纪40年代，针对空想社会主义者依据个人才能和工作量进行分配的做法，唯物史观的创始人马克思对此进行了批判，指出这一做法无疑是另一种社会阶级的划分方法，依然会造成少数人的特权和实质不平等，很难实现真正意义上的分配正义。19世纪50年代，按劳分配的面貌已经被大致描绘出来：在社会主义阶段，社会成员共同占有生产资料，个人对消费资料的占有通常会依据个人社会劳动量的多少而有所不同，社会劳动量越多，占有的消费资料越多。

在《资本论》中，按劳分配思想的全貌被初步勾勒出来。在《资本论》第1卷中，马克思对按劳分配进行了清晰的论述：按劳分配"会随着社会生产有机体本身的特殊方式和随着生产者的相应的历史发展程度而改变。……每个生产者在生活资料中得到的份额是由他的劳动时间决定的"①。这段论述强调了随着生产方式的变化，分配方式也会发生相应的变化，也就是说，按劳分配不是一成不变的分配方式，会随着社会生产方式的变化而不断发生变化。更重要的是，这里是将劳动时间作为分配社会消费品的分配尺度。那么，按劳动时间分配应当如何落实呢？在《资本论》第2卷中就详细地讲述了按劳动时间进行分配的正义原则，并且提出了具体的分配方法，比如以纸的凭证来表示劳动时间的构想，然后在此基础上决定消费品的分配，这一构想在后来的文本中得到了进一步深化。《资本论》第3卷第五十一章对分配关系和生产关系的关系进行了专门性论述，在进一步强调生产方式对分配方式的决定性作用的基础上，比以往对分配方式的论述更进一步，区分了两种用以分配的社会劳动产品，一部分用来满足个人的消费需要，另一部分用来满足社会的一般需要。这一区分为后来所提出的"各项扣除"思想奠定了基础："一个部分的产品直接由生产者及其家属用于个人的消费，另一个部分即始终是剩余劳动的那个部分的产品，总是用来满足一般的社会需要。"②

在《哥达纲领批判》中，按劳分配制度首次得到了完整的描述。按劳分配制度主要包括三个方面：

其一，实行按劳分配的历史必然性。所谓公平的分配只是一种受生产方式决定的法权问题，当人类进入社会主义初级阶段之后，

---

① 《马克思恩格斯文集》第5卷，北京：人民出版社，2009年，第96页。
② 《马克思恩格斯文集》第7卷，北京：人民出版社，2009年，第993—994页。

虽然建立了公有制，消灭了私有制，但这一阶段刚从资本主义社会脱胎出来，在经济、道德和精神方面还带着旧社会的痕迹，生产力也并未得到充分发展，尤其是劳动仍然作为谋生活动而不是意义活动。这些特征决定了社会主义社会必须实行按劳分配原则。

其二，"按劳分配"，顾名思义，就是将劳动作为分配社会财富的标准和尺度。这里的"劳动"并不是"异化劳动"和"人的自由自觉劳动"语境中的道德范畴，也不是经济学语境中的"劳动力"作为一种商品的概念指向，而是劳动者为社会提供的劳动量（在扣除他为公共基金而提供的劳动）。"从社会领回的，正好是他给予社会的。"[①] 社会总产品在分配前应当做出必要的扣除用以弥补生产资料的消耗和追加社会再生产，除此之外，还应当预留用以社会公共管理、社会保障和社会福利等保险及储备资金。被扣除的这六部分资金也会直接或间接地用到劳动者身上，不同于资本主义社会中用于资本增殖。因此，拉尔萨主义所主张的"不折不扣"是完全不切实际的做法。拉萨尔所提倡的应当在"社会中的一切成员"中进行分配，是否包括那些丧失劳动能力的成员，如果包括这部分成员，那么这部分成员没有付出劳动，却能够分配成果，"公平的"权利又从何谈起呢？在此基础上，拉萨尔的"劳动所得"的指向也具有模糊性，无法让人判断这里的劳动所得，究竟是指向劳动产品还是劳动产品的价值，劳动产品尚且可以理解，但是劳动产品的价值究竟应该属于哪一部分价值？无疑，拉萨尔在这一概念上没有解释清

[①] 《马克思恩格斯文集》第3卷，北京：人民出版社，2009年，第434页。

楚，指向性不清晰，根本无法体现公平、正义。

其三，劳动是按劳分配的唯一尺度和衡量标准。简单地说，就是多劳多得，少劳少得，不劳不得。按劳分配也就是依据社会成员贡献的劳动量分配生活消费资料，一个勤奋的人比一个好逸恶劳的人更容易从社会中获取更多的报酬。这样个人劳动与社会劳动便具有一致性，个人利益和社会利益也实现了协调一致。这也体现了按劳分配的社会主义性质。此时，由于商品、货币关系的消失，劳动者实现按劳分配的形式也不再需要货币、商品穿插其中，劳动券或劳动证书成为其获取生活资料的直接凭证。

虽然在社会主义初级阶段，按劳分配作为一种行之有效的分配制度具有历史必然性，但是它依然是不完善的。基于历史主义原则，它具有双重性：一方面，按劳分配具有一定的历史正当性，在资本占主导地位的资本主义制度中，谁占有生产资料，谁就拥有对另一方的绝对支配权。资产阶级拥有生产资料所有权，打着正义、平等、自由的口号无偿占有工人创造的剩余价值。按劳分配消灭了资本家和工人的阶级对立，每个人都是作为平等的劳动者进行生产和参与分配，劳动者获取的分配份额与其提供的劳动量成正比，"不劳而得、劳而不得"的剥削现象便不复存在。劳动者在获取生活资料的同时也获得了人身自由。此时，正义的"原则和实践在这里已不再互相矛盾"[①]。另一方面，劳动权利在唯物史观的逻辑中仍然是囿于资产阶级的权利视角。

---

① 《马克思恩格斯文集》第3卷，北京：人民出版社，2009年，第434页。

但是，究竟什么才是"平等的权利"呢？如何使劳动所得"属于社会一切成员"？其实，这里的"平等的权利"意味着劳动者的权利应该同他们的劳动成比例，即按照劳动这个天然的同一标尺来衡量人的贡献的大小。然而，不同个体能够在同样时间内掌握技能的熟练程度以及承受的劳动强度不同，所以也将获得不同等的劳动产出。又因为劳动者具有不同的家庭出身和需要承担的家庭责任，所以依然会导致事实性的差异和不同等的富裕程度。因此，按劳分配同样是"一种不平等的权利"[①]。此种分配方式并没有跳出资产阶级法权的分析框架，最终仅能实现形式的平等。然而资产阶级不主张平等的劳动权利吗？平等的权利是不是意味着把社会成员劳动成果平等地分配给共同体中的一切成员？一个非常重要的因素是，劳动者背后的社会家庭情况各异，有的是家庭优渥，有的是家庭贫困；有的需要赡养配偶和子女，有的无需赡养配偶和子女。在这种情境下，如果按劳分配，最终会无法实现社会的实质公平。因而，马克思提出的这一问题也被当代很多思想家讨论。比如自由至上主义者和平等主义者关于人们是否应得自己的天赋和家庭出身的争论都与此相关。马克思从历史主义思想分析了社会主义初级阶段发展的特征，社会主义刚刚脱离资本主义，生产力尚不发达，社会矛盾依然存在，不可避免地会存在着各种弊病，"权利决不能超出社会的经济结构以及由经济结构制约的社会的文化发展"[②]。

---

① 《马克思恩格斯文集》第3卷，北京：人民出版社，2009年，第435页。
② 同上。

既然按劳分配受制于社会主义阶段的经济、文化发展水平是一种不完全平等的分配制度,在具有历史正当性的同时也具有一定的历史局限性,那么这一历史局限性也只有在扬弃了它得以存在的历史条件的更高历史阶段上才能克服。根据唯物史观,这个更高的历史阶段就是共产主义阶段,在共产主义阶段上的分配制度就是按需分配。

应该说,社会主义制度正义追求的不是个体能够获得什么,而是追求每个人需要什么。在唯物史观的经典著作《德意志意识形态》中,就有对这一分配制度的论述,共产主义区别于以往社会主义的正义原则就是源自于这一核心信念,也就是人的体力和智力的差别,不应当造成肉体需要的差别,也就是说,按劳分配在根本上的意义而言不是正义的分配原则,应当被按需分配所替代。换句话说,人的智力和体力等自然因素方面的差别,根本不应当引起"在占有和消费方面的任何不平等,任何特权"①。

关于按需分配以及与按需分配相适应的社会历史条件,主要有五个:(1)脑力劳动和体力劳动的对立消失;(2)劳动成为第一需要;(3)人的自由全面发展;(4)生产力的充分发展;(5)物资财富的极大丰富。只有在满足这五个社会历史条件的基础上,才能够彻底扬弃"法权"正义的缺陷。也就是说,只有基于这样的社会条件,真正的制度正义才能实现,按劳分配的局限才能被超越。从人类社会历史的演进来看,唯物史观主张的"按需分配"原则建立在

---

① 《马克思恩格斯全集》第3卷,北京:人民出版社,1960年,第638页。

超越"市民社会"的经济基础之上,亦即需要原则是未来共产主义社会内蕴的分配原则,是"人类社会"的价值原则和分配机制。

这里有必要提出的是,唯物史观并没有对需要原则和需要理论进行专门的描述和讨论,这也就阻碍了我们从文本中进一步获得需要原则的具体规定性。也正因为这样,相比于劳动原则,需要原则遭致更多的批判和质疑。但可以确认的是,这里所言的需要并不单纯地指满足肉体存在的物质需求,也就是说"按需分配"也不仅仅指向个人所得物的分配方式,基于唯物史观的逻辑,按需分配超出了物产产品的分配,而指向人的自由全面发展。金里卡敏锐地捕捉到了这一原则的深层含义,指出按需分配不仅指向生活必需品的分配,如果仅仅局限于这点,那么按需分配就丧失了吸引力。人的需求是多样性的,是由他们"'无限可塑的本性'决定的,因此,人的需求包括'在生产和消费上全面展现自己的丰富个性'"[1]。人的需求本质上是实现自由个性的需求,在这个意义上,按需分配"是一个关乎自我解放的质的问题,而不再是一个关乎自我占有的量的问题"[2]。在这个意义上而言,按需分配超越了个人财富占有的讨论,最终指向人类解放。

因此,新自由主义者以及分析马克思主义者对"按需分配"的误解就不攻自破,即"需要原则"不是一个正义原则或者依然是一

---

[1] 〔加〕威尔·金里卡:《当代政治哲学》上卷,刘莘译,上海:上海三联书店,2004年,第342页。
[2] 李义天:《平等:马克思主义政治哲学的核心问题》,《中国社会科学报》2017年第5期。

个抽象的正义原则。无论是新自由主义者还是分析马克思主义者对需要原则的这一论断，他们都有意无意地落在休谟所说的分配正义环境的语境中，认为在共产主义阶段，由于物质资源的极大丰富，正义作为一个法权概念已经不再发挥作用。简言之，共产主义社会是一个超越正义的社会。不可否认，当人类进入共产主义阶段之后，由于生产力的高度发展，物质资源的稀缺性问题以及由此造成的利益冲突问题将得以解决，但是按需分配仍然作为一个人本层面的分配正义制度继续发挥作用。也就是说，"按需分配"并不是指向法权层面的"得其所应得"，而是创造条件满足人的各自不同的需要。因此，"按需分配"同样存在"不平等"的因素，比如有些人具有昂贵的偏好，有些人具有便宜的偏好，从而在结果上形成差别和不平等。正如著名左翼学者佩里·安德森所理解的那样，唯物史观所言的"按需分配"，实际上就是在现实社会中，每一个社会成员都能够摆脱由于特权因素造成的物质匮乏和不利处境，遵循自己的意愿选择生活，以及选择自己喜欢的工作。[1]

总而言之，基于唯物史观的逻辑，无论是强调社会主义制度正义的公有制基础，还是强调在此基础上应当建立的分配制度：按劳分配和按需分配，都不是局限于商品或者生活资料的分配层面，而是在以人为根本的层面上来谈论社会主义制度正义的。诚如马克思所言："代替那存在着阶级和阶级对立的资产阶级旧社会的，将是

---

[1] 参见〔英〕佩里·安德森：《新自由主义的历史和教训（续）——一种独特道路的确立》，《当代世界与社会主义》2001年第4期，第61—63页。

这样一个联合体，在那里，每个人的发展是一切人的自由发展的条件。"①

第三节 人的自由全面发展：社会主义制度正义的根本价值原则

唯物史观对生产在社会主义制度正义中根本性地位的强调，指明社会主义制度正义不仅仅指向分配领域的正义，而且在根本意义上指向生产领域的正义，如果我们的分析只停留在分配领域，那么就没有真正地理解和触及唯物史观所言的社会主义制度正义思想的本真意蕴。因此我们应该从生产领域对社会主义制度正义进行分析，根据唯物史观，生产方式"是这些个人的一定的活动方式，是他们表现自己生命的一定方式、他们的一定的生活方式。个人怎样表现自己的生活，他们自己就是怎样"②。在奴隶制和封建制的自然经济中，由于生产力的落后和人的生产能力的低下，个体只能在小范围内进行独立生产，与这种生产方式相适应的人的生存状态就体现为人的依赖关系。在资本主义制度中，由于生产力的快速发展和人的生产能力的显著提高，物质资源得到了有效流动和充分配置，物质交换也更加频繁和全面，不仅能够满足多方面的社会需要，而

---

① 《马克思恩格斯文集》第2卷，北京：人民出版社，2009年，第53页。
② 《马克思恩格斯文集》第1卷，北京：人民出版社，2009年，第520页。

且还促进人的能力体系的全面形成，进一步增加个体的独立性，在这种生产方式下，人的生存方式体现为以物的依赖性为基础的人的独立性。而在共产主义制度中，随着新的生产方式对资本主义生产方式的超越，社会的生产能力成为从属于人的社会财富，生产的目的就是为了实现人的全面发展，也只有进入这一历史阶段，人才能够实现自由全面发展。此时，人的生存状态体现为自由全面的发展。在此意义上，生产方式不仅仅是一个经济学意义上的概念，而且是与个体的存在状态息息相关的生存论概念。人类利用各种资源进行物质生产，创造出大量的物质资料，不仅仅是为了满足人类的生存和种族的繁衍，而且是为了在劳动中不断地实现自我提升与自我完善，实现人的自由全面发展。因此，生产正义就不仅仅是一个物品分配的问题，在唯物史观视域中，而且是具有和人的生存、人类社会的发展密切相关的生存论意蕴。

随着生产正义追求的生存论意义和形而上学意蕴获得阐发，接下来的一个结论就得以成立：人的自由全面发展原则是社会主义制度正义的根本价值原则。换句话说，人的自由全面发展原则作为社会主义制度正义的一种基本预设或者说是根本价值原则，使其与资本主义制度正义区分开来。人的自由全面发展作为社会主义制度正义的根本价值原则，是相对于资本主义制度中人的本质的异化而言的。在《德意志意识形态》中，马克思这样描绘过人的异化状态和自由全面发展这两种不同的存在状态："原来，当分工一出现之后，每个人就有自己一定的特殊的活动范围，这个范围是强加于他的，他不能超出这个范围：他是一个猎人、渔夫或牧人，或者是一个批判的批评者,只要他不想失去生活资料,他就始终应该是这样的人。而在共产主义社会里,任何人都没有特殊的活动范围,而是都可以在任何部门内发展,社会调节着整个生产,因而使我有可能随自己的兴趣今天干这事,明天干那事,上午打猎,下午捕鱼,傍晚从事畜牧,晚饭后从事批判,这样就不会使我成为一个猎人、渔夫、牧人或批评者。"[①]也就是说,一个社会制度如果无法实现和保障人的自由全面发展,那么就是使人处于异化状态中的非正义制度;如果能够消除人的异化状态,那么就是能够保障人的自由全面发展的正义制度。换言之,唯物史观批判资本主义制度正义的形式性,其深层目的就在于在人的生存论层面批判资本主义制度的非正义性。

资本主义制度的非正义性不仅在于劳动者在生产活动中的异化状态,更在于随着资本逻辑对人们日常生活的渗透,生产中的异化状态泛化为人们的日常生存状态。随着人类走出野蛮状态而进入文明时代,便出现了统治者和被统治者,出现了国家和法律等阶级统治工具,此时人就进入了异化状态,生产劳动不再是人的本能需求。在人的依赖阶段,生产力并不发达,仍然是一种自然状态下的劳动,劳动者完全丧失了自由,从而沦为一种劳动工具,在统治者的剥削和压迫之下,不得不进行劳动。这种劳动关系是一种异化关系,也就是说,劳动者在这一阶段丧失了人本质,而被当作一种工具或者物,成为统治者的私有财产,受统治者的剥削和压迫。这种

[①]《马克思恩格斯文集》第1卷,北京:人民出版社,2009年,第537页。

状态之下，劳动者本身被异化，劳动者所从事的劳动也是一种异化劳动。异化并非所有社会成员的异化，只是处于社会底层的劳动者的异化，而统治者拥有生产资料，能够随心所欲地进行劳动，所以此部分人和此部分人的劳动没有被异化。在物的依赖阶段，生产力快速发展，创造了丰富的物质资料，能够在不同程度上满足各类群体的需求，人与人之间形成了多维关系，并且能力在不断提高，比如历史、政治、艺术和科学等能力的发展。但是资本主义的技术和制度革新并没有使人获得解放，而是加深了人的异化状态。进一步而言，在资本逻辑的操纵下，这种异化状态已经泛化为资本主义制度中人的一种常态，成为人们的一种生活方式。因此，许多学者和流派纷纷对这一资本主义制度中人的异化状态进行了批判。从尼采的重估一切价值到萨特的"价值就是自我"，从韦伯的工具理性到哈贝马斯的交往理性，从罗尔斯的作为公平的正义到阿马蒂亚·森的可行能力平等，纷纷对资本主义制度的价值弊端、人身处其中的异化状态，以及在资本逻辑主导下人的发展空间的不平等进行反思和批判。诚如列斐伏尔所言，异化几乎已经泛化为日常生活的常态，任何个体都无法逃离这种状态。当我们试图逃离这种状态的时候，就是进行自我孤立。

在资本主义制度中，人深处于由资本逻辑主导的普遍异化的状态中，便不可能获得自由而全面的发展，或者说，资本主义制度造就了人的能力和社会关系的片面化发展，这是与人的自由全面发展原则背道而驰的。一方面，人的能力的片面化发展，分工的出现和发展，使人的生产实践活动范围固定化在某种特殊领域，或者固定在某一特殊职业上，劳动者不得不在同一个领域或职业上重复着机械劳动。在这种生活生产领域内，资产者虽然拥有资本和财富，但却被这些身外之物所奴役和驱使，所以他们就陷入精神的虚无之中。律师虽然知晓法律法规，但是被相应的法律观念所限制，也处于被奴役的地位。所有有教养的人即使受过专门教育，从事着表面上看上去风光的职业，但是实际上都深陷片面发展的泥潭无法自拔，被"专门技能本身而造成的畸形发展所奴役"[①]。分工的发展不仅使人的能力片面化发展，也使人的意识局限于与自己相关的特定范围内，从而丧失了社会意识，漠视自身的社会关系属性。另一方面，资本主义的生产要素组成方式虽然推动了生产力的快速发展，但是却造成了人的社会关系片面化，其他社会关系渐渐地被资本所淡化，只剩下纯粹的金钱关系，人的实践活动不是为了实现其他目的，只是为了追求资本和金钱。钱作为"从人异化出来的人的劳动和存在的本质"[②]，是资本主义社会中人们追求的普遍价值，它剥夺了人自身的价值并且统治了人，使人对它顶礼膜拜，使人的丰富的需求片面化为对金钱的需求，使人变成了"单向度的人"。人生产劳动的目的就是为了追求金钱，人与人的关系也被这种劳动目的所异化，其他关系均不存在，只剩下金钱关系，"钱是一切事物的普遍价值，是一种独立的东西"[③]。也就是说，金钱关系造成了人与人之间、人与自然之间日益紧张的关系模式。

---

① 《马克思恩格斯全集》第20卷，北京：人民出版社，1971年，第317页。
② 《马克思恩格斯全集》第1卷，北京：人民出版社，1956年，第448页。
③ 同上。

需要指出的是，资本主义制度中人的片面化和单向度发展作为不正义的历史现象应当被批判和反思，但它的对立面并不是非人，也不是向人的原始兽性的复归，这一历史现象只不过是资本主义制度还没有创造出高度发达的生产力和构建全面交往的社会关系，并对这种社会关系进行深度了解和自觉反思所造成的。人自由全面发展只有在生产力高度发达的共产主义制度中才能实现，也只有生产力的高度发达，才能够建立全面的交往关系，使人占有自己的本质。也就是说，"个人的全面性不是想象的或设想的全面性，而是他的现实联系和观念联系的全面性"[①]。

因此，针对资本主义制度中人的异化状态，唯物史观提出了人的自由全面发展原则这一社会主义制度正义的最高价值原则。在《1844年经济学哲学手稿》中有这样一种表述，共产主义就是私有财产即人的自我异化的积极扬弃，是通过人并且为了人对人本质的占有，或者说，人以一种"全面的方式"，作为一个"完整的人"，真正占有自己的"全面的本质"。对于人的自由全面发展，《德意志意识形态》中有这样一种表述，要消除对人的活动来说是异己的、压迫的力量这样一种社会历史现象，从而使人在自己的联合中并通过这种联合来获得自身的自由。在《共产党宣言》中直截了当地提出了，要建立一种联合体，"在那里，每个人的自由发展是一切人的自由发展的条件"[②]。在《资本论》、《共产主义信条草案》和《反

---

① 《马克思恩格斯文集》第8卷，北京：人民出版社，2009年，第172页。
② 《马克思恩格斯文集》第2卷，北京：人民出版社，2009年，第53页。

杜林论》等诸多唯物史观经典著作中，马克思和恩格斯两位学者从不同的角度重申人的自由全面发展这一价值主张。由此可见，人的自由全面发展是社会主义制度正义的最高价值原则。

社会主义制度正义强调自由时间对人的自由全面发展的积极意义和重要作用。对于人类来说，"时间实际上是人的积极存在，它不仅是人的生命的尺度，而且是人的发展的空间"[①]。时间分为两种类型，一个是自由时间，是可供人们自由支配的时间，个体可以利用这些时间从事自己喜爱的活动，以及从事各种高级的活动，比如休闲娱乐、参与社会事务、从事科学和艺术，等等。简言之，自由时间不是用于直接性的物质生产活动的时间，它的意义在于为个人提供了无限的机会和可能去驾驭那些"外部世界对个人才能的实际发展所起的推动作用"[②]，构成了实现人的自由全面发展的基石。另一个是劳动时间，也称之为工作日。《资本论》第1卷的"工作日"部分进一步将劳动时间分为两个部分：必要劳动时间和剩余劳动时间。劳动者利用必要劳动时间创造出价值，是生产劳动力价值的集中体现，劳动的目的是为了实现工人自身的生存和发展。另一个是剩余劳动时间，劳动者利用这一时间创造的是剩余劳动价值，劳动的目的是满足资本家对剩余价值的压榨，劳动者不得不进行此方面的劳动，劳动过程中根本没有自由可言。简言之，自由时间和劳动时间，二者一同构成了人类社会时间的总体。在资本主义制度中，

[①]《马克思恩格斯全集》第47卷，北京：人民出版社，1979年，第532页。
[②]《马克思恩格斯全集》第3卷，北京：人民出版社，1960年，第330页。

人类社会时间以剩余劳动时间为主,因此就造成了剩余劳动时间对自由时间的挤压,最终导致人的异化状态。在社会主义制度中,消灭了生产资料私有制,在深刻的社会变革的基础上实现了劳动和生产资料的统一,因此消灭了剩余劳动时间,实现了人对自由时间的占有。

社会主义制度正义应当保障社会成员对自由时间的共同占有[①],以实现人的自由全面发展。唯物史观以劳动时间与自由时间的对立批判了资本主义雇佣劳动制度的非正义性。在资本主义社会中,少数资本家由于自身占有生产资料,从而将劳动者被迫纳入资本主义生产体系中,通过侵占劳动者的剩余劳动既可以获得资本增殖,又可以使自身从繁重的物质生产领域中解脱出来。这就使得无产者被迫肩负其整个社会的劳动重担,终生从事物质生产活动。显而易见,资本主义财富创造的过程,实质上就是赤裸裸的压榨劳动剩余价值的过程,马克思将这一过程比作"剩余劳动的吮吸"[②],也就是说,剩余价值榨取的过程,实质上是建立在盗窃工人自由时间、劳动时间的基础之上,而他们可支配的时间在资本增殖逻辑的主导下都变成了"人格化的劳动时间"。为了获取更多的剩余价值,资本家会尽可能地通过延长劳动时间或提高生产率的方式挤压工人的自由时间。因此,在资本主义制度中,自由时间的创造与占有并不是统一的,相反,二者是相互背离的。"社会的自由时间的产生是靠

---

① 杨耕:《从必然王国向自由王国的转变与从片面的人向全面的人的发展》,《中国高校社会科学》2013年第1期,第68—80页。
② 《马克思恩格斯文集》第5卷,北京:人民出版社,2009年,第307页。

非自由时间的产生，是靠工人超出维持他们本身的生存所需要的劳动时间而延长的劳动时间的产生。同一方的自由时间相应的是另一方的被奴役的时间。"[1] 由此可见，资本家的发家致富实质上就是依靠榨取劳动者剩余价值实现的，是在剥削劳动者自由时间的基础上形成的。资产阶级由于独占了自由时间，从而垄断了人类能力全面发展的机会和可能，"历史的发展、政治的发展、艺术、科学等等是在这些……上层社会内实现的"[2]。相应地，原本属于工人阶级的自由时间，也因为资产阶级的剥削和压迫变成了劳动时间，也就"丧失了精神发展所必需的空间"[3]。因此，资本主义社会生产资料分配不平等的背后所遮蔽的是人的发展空间的不平等。资本家通过雇佣劳动占有工人剩余产品的背后是占有劳动者全面发展的机会。因此，如果说劳资分离的私有制是资本主义制度非正义的根源，那么这一不平等最终表现为自由时间占有的不平等。自由时间占有的不平等分配，不仅表现为人的异化状态，而且从根本上造成了人的发展空间的不平等，使得艺术、政治、历史等能力的发展是少数人的特权，大多数人就不得不委身于生存需要而从事烦琐的工作。

社会主义制度正义的实现最终依靠"时间的节约"。唯物史观指出，克服这种人的发展空间不平等，依靠"时间的节约"，才能够让人拥有更多的自由时间，才能为人的全面发展创造条件，"一

---

[1]《马克思恩格斯全集》第47卷，北京：人民出版社，1979年，第216—217页。
[2]《马克思恩格斯全集》第46卷（下），北京：人民出版社，1980年，第88页。
[3]《马克思恩格斯全集》第47卷，北京：人民出版社，1979年，第344页。

切节约归根到底都是时间的节约"①。时间对人的发展具有首要意义，通过生产力的发展缩短必要劳动时间，让劳动者有更充足的自由时间，那么就相当于扩大了劳动者的发展空间，为劳动者的全面自由发展创造条件。劳动者的自由时间越多，那么劳动者展示自身能力的机会就越多，劳动者劳动不再成为谋生的手段，而是成为劳动者自我实现的手段，最终能够使人获得自由而全面发展。马克思充分认识到了这一点，并明确指出，实现人的自由全面发展，关键在于要让劳动者占有更多的自由时间，人的自由全面发展问题就转化为对自由时间的占有问题，而人类占有自由时间的长度也就代表了他们自由全面发展的程度，表征了他们的生存状态。因此，要实现每个人的自由全面发展，必须改变资本家通过占有生产资料从而独霸自由时间和发展空间的不合理分配，实现自由时间的平等分配，从而为人的自由全面发展提供相同的空间。

总之，虽然马克思恩格斯没有专门著书立说对社会主义制度正义进行细致的论证，但是二者依循唯物史观，试图通过分配方式的改革来实现社会主义制度正义路径的批判。不难看出，唯物史观视域中的社会主义制度正义主张的是一种"生产—分配正义"（布坎南语）。生产正义表面看是要实现生产资料的平等占有，但是根本上是为了实现自由时间的平等占有，使社会成员具有相同的发展空间，这样才能实现每一个人的全面自由发展。虽然实现这一目标是一个漫长的过程，需要生产力的高度发展和物质资料的极大丰富以

---

① 《马克思恩格斯全集》第46卷（上），北京：人民出版社，1979年，第120页。

彻底消除人的异化状态，但是，社会主义制度已经站在实现这一目标的起点之上，经过不懈的努力和发展，必定会逐渐靠近这一价值目标，让每一个社会成员都有自由发展的机会、自由成长的空间，这是社会主义制度正义存在和发展的基本目标。

第四节 "自由人联合体"与社会主义制度正义的优越性

社会主义制度正义的最终目的在于寻求一种能够保障人的自由全面发展的社会基本结构及其制度安排，而这样一个理想的社会基本结构及其制度安排就是"自由人联合体"。毋宁说，只有将人置身于"自由人联合体"这一社会基本结构及其制度安排中才能实现自由全面发展。很多人把自由人联合体或等同于人类解放，或等同于共产主义，或等同于自由王国，但实际上，与这些概念或强调主体性维度或强调社会维度不同，自由人联合体蕴含了主体性维度和社会维度的双重内涵。因此，"自由人联合体"既表征一种指向人的自由全面发展的哲学范畴和理论旨趣，又指向一种保障人的自由全面发展的社会基本结构及其制度安排。它不是对什么是人的自由全面发展的追问，而是对保障合乎人性的生存方式的制度安排何以可能的追问。

然而，"自由人联合体"作为一种社会制度的伟大构想，一方面，它并没有以专著的方式出现在唯物史观中；另一方面，它几乎在所有重要的文本中被反复提到，始终引导着唯物史观创始人对资本主义制度的全部分析和批判工作。将"自由人联合体"的命题置于《1844年经济学哲学手稿》、《德意志意识形态》、《共产党宣言》和《资本论》的思想轨迹中，从唯物史观的思想发展脉络出发，并适当参照和结合当代思想家对共产主义和共同体问题的最新看法，或许更有助于理解这一命题的主要内涵。

首先，在《1844年经济学哲学手稿》时期，"自由人联合体"概念并未正式形成，唯物史观创始人使用集体的这一概念，从劳动者联合的角度对人的现实生活状态进行了描述。这一概念可以当作联合体思想的萌芽，通过劳动者的联合形成了一个共同活动和享受的集体，在这里，集体活动或者享受随处可见。在资本主义私有制中，劳动处于一种普遍的异化状态，社会成员之间也处于一种相互对立甚至割裂的分散状态。此时所言的"集体"不是社会成员的自由联合体，也不是保障劳动者利益的联合体，而是保障资本家利益的联合体。这种"资本联合体"不仅是对劳动者利益的压榨和剥削，更是对劳动者的压迫和束缚，是与人的本质相违背的虚假联合体，所以，必然要寻求一种更符合人的本质的联合体形式——自由人联合体。朗西埃精准地捕捉了共同体的真正内涵：其一，体现"理智与理智"达成一致的多方同意的共同体；其二，存在着共同的精神感受，而这种共同体的精神感受被植入日常的经验和日常中。① 朗西埃对共同体的这种阐释与《1844年经济学哲学手稿》中

---

① 参见〔法〕雅克·朗西埃：《共产主义：从现实性到非现实性》，林晖译，《国外马克思主义评论》2010年第5期。

所表达的"联合体"理想具有某种耦合性。这样的联合体强调共同体成员之间的一种共在状态，人与人不再相分离，群体与群体不再对立，打破了彼此之间的孤立状态，形成了各种各样的关系，生成了集体的力量，并推动了人的本质的不断丰富。

其次，在唯物史观的经典著作《德意志意识形态》中，马克思、恩格斯进一步明确了"自由人联合体"的内涵，指的是"各个人在自己的联合中并通过这种联合获得自己的自由"①，也就是说，这种联合体打破了阶级界限，是个体按照自己的意愿所进行的联合。此时，这种联合不再是劳动者发展的桎梏和枷锁，而是使劳动者摆脱了阶级束缚，获得了更广阔的发展空间，成为独立自由的人，进而共同组成了真正的共同体。在这种联合体中，生产资料不再归少数人所有，也不再为资本家所占有，而是归集体所有。实际上，这种状态是人的本质的一种复归，彻底消除了异化状态。《共产党宣言》中提出"自由人联合体""将是这样一个联合体，在那里，每个人的自由发展是一切人的自由发展的条件"②，因为联合体是联合体成员的共同利益和愿望。可以这么说，自由人的联合体在归根结底的意义上，就是为了实现人而且是每个人的自由全面发展。在人的社会存在层面看自由人的联合体，我们就会发现，"自由人联合体"不是指向共同体成员之间的简单联合，也不是人的一种孤立存在的自由状态，而是一种新的公共存在的方式。在这个层

---

① 《马克思恩格斯文集》第1卷，北京：人民出版社，2009年，第571页。
② 《马克思恩格斯文集》第2卷，北京：人民出版社，2009年，第53页。

面，如同南希而言，这是一种从本体论层面而言的个体间亲密共契的共在关系。①

最后，《资本论》凸显了"自由人联合体"的概念的经济学内涵，"有一个自由人联合体，他们用公共的生产资料进行劳动，并且自觉地把他们许多个人劳动力当作一个社会劳动力来使用"②。这一联合体的设想描述的是消除异化状态后人的公共生活的理想，这是一种真正关注人的公共生活状态的"自由人联合体"。诚如南希所说，它并不是属于个人的存在，而是指向人与人之间的共在状态。也就是说，"自由人联合体"中个人并不是孤立的存在，而是作为一个独立的个体与其他存在者共生共在；也不是人与人之间简单的外部结合，而是联合体成员之间寻求共同性的自由联合；更不是对人的自由个性的抹杀和淹没，而是在保持个体自由个性的同时，承诺一种共同性的共存共在。③"自由人联合体"寻求的是一种作为独立个性的自由人的有机联合，它在根本上指向人的存在状态，并试图建构一种新的趋向共同性的公共生活。

虽然唯物史观从不同角度对"自由人联合体"做了分析，但是通过上述描述可以看出，其内容是相对粗略和笼统的。因此，柯尔施直言："马克思并没有告诉我们自由的个人在什么基础上进入他

---

① 参见〔法〕让-吕克·南希：《共产主义，语词——伦敦会议笔记》，张志芳译，《国外马克思主义评论》2010年，第87—96页。
② 《马克思恩格斯全集》第44卷，北京：人民出版社，2001年，第96页。
③ 参见〔法〕让-吕克·南希：《共产主义，语词——伦敦会议笔记》，张志芳译，《国外马克思主义评论》2010年，第87—96页。

与其他人的自由联合之中。"①麦金太尔分析了这一命题的内涵,并明确指出,唯物史观并没有告诉我们,如何才能实现"自由人联合体"。这也是"一项没有一个后来的马克思主义者充分添补了的空白"②。事实上,不管是柯尔施,还是麦金太尔的上述看法,都是对"自由人联合体"的错误解读,即将"自由人联合体"看作是一项具体的社会制度安排。事实上,在唯物史观中,"自由人联合体"是作为"制度的精神"而不是"制度的实务"存在的。③换言之,"自由人联合体"为人类提供了一个可能的生活方式,对人类的命运具有无与伦比的重要意义。如果将其视为一种具体的制度安排,务必遮蔽其内蕴的对人的生活方式和人类命运的重要价值,忽视其在政治制度和经济制度上所具有的变革性意义。

自由人的联合体作为一种制度的精神,它在不同社会层面具有不同的制度安排指向。这一制度构想反映在政治层面的民主制度上,则经历了一个从批判市民社会到重建"真正的民主制"的转变过程,这一转变意味着人及其自由的实现。

唯物史观对"真正的民主制"的探讨肇始于对市民社会和政治国家这一制度二分结构的分析。黑格尔在《法哲学原理》中对市民社会与政治国家这一制度二分结构进行了清晰的阐释。他认为,市

---

① 〔德〕柯尔施:《马克思主义和哲学》,王南湜等译,重庆:重庆出版社,1989年,第111页。

② 〔美〕阿拉斯代尔·麦金太尔:《德性之后》,龚群译,北京:中国社会科学出版社,1995年,第328页。

③ 参见张盾:《马克思哲学革命中的伦理学问题》,《哲学研究》2004年第5期,第3—10页。

民社会的联合是通过社会成员的需要，通过保障人身安全和财产安全的法律制度，通过"维护他们特殊利益和公共利益的外部秩序建立起来的"①。因此，在市民社会中，人与人之间的联合并不是一种共生共存的和谐状态，而是为了实现私人利益，简言之，市民社会从本质上而言就是利益的角逐场。同时，私人利益和公共利益在市民社会中不断博弈，并且在相互冲突中推动市民社会的发展。黑格尔认为只有通过政治国家这一人类存在的更高级形式才能超越私人利益和普遍利益的冲突。黑格尔的市民社会理论在一定程度上得到了马克思的认同，但是马克思认为在市民社会与政治国家的关系问题上，黑格尔犯了一种颠倒主谓的唯心主义错误。因为黑格尔认为是绝对理念推动人类社会的进步。与此不同，马克思认为，是现实的人而不是理念构成了国家的前提和基础，是推动国家进步的真实动力。在此基础上，政治国家与市民社会的对立是导致人的异化状态的制度原因。在这个政治制度结构中，人的存在状态异化为公人和私人的分裂，并在此基础上过着双重生活。也就是说，人不仅处于政治生活当中，而且还处于现实生活当中，两者之间相互对抗，存在着各种矛盾和冲突，甚至具有不可调和性。在政治生活中，人是作为政治共同体中的平等成员而存在的，平等地享有政治权利。但是在现实生活中，人不再是类存在物，而是作为不断追逐个人利益的私人而存在的。此时，人不仅同他人也同自身的类本质相对

---

① 〔德〕黑格尔：《法哲学原理》，范扬、张企泰译，北京：商务印书馆，1961年，第174页。

立。因此，要超越政治国家和市民社会的二分结构，克服人的政治异化状态，唯一的方法就是实行真正的民主制。真正民主制集中体现在国家的政治制度方面，是真正民主的国家制度，人民群众是国家的主体，拥有治理国家的权利，能够在国家中享有真正的自由。只有在真正的民主制中，才能超越和扬弃市民社会和国家之间的二元对立，实现个人利益和普通利益的有效统一。

因此，当"真正的民主制"作为一种制度安排体现在自由人的联合体中时，人也摆脱了原子式的存在状态而进入一种社会的存在状态。这样的人才可以作为一个丰富的人而存在。可以这么说，自由人的联合体实质上就是人本质的一种复归，马克思和恩格斯对此进行了综合性分析，也明确了联合体是人向"合乎人性的人的复归"[1]。实施民主制，是实现自由人联合体的基础和政治制度，不仅是对人的政治异化状态的克服，亦是对人的本质的彻底复归，更是蕴含着克服人的政治异化状态，从而实现自由的正义诉求。安东尼奥·奈格里认为这一联合体形式超越了社会契约论的解释模式，它必然且应当保障社会中每一个人的民主。从人的社会存在出发去理解真正的民主制，就不仅仅要求从人的类本质层面出发使人在共同体中实现自己，更要求将其视为共同体中而基于充分且普遍的自由。据此而言，"真正的民主制"试图通过扬弃政治国家与市民社会的制度二分结构，重新使人恢复属人的状态，最终建构一个政治层面而言的民主共同体。一言以蔽之，将真正的民主制作为一种制

---

[1] 《马克思恩格斯文集》第1卷，北京：人民出版社，2009年，第185页。

度程序应用到自由人联合体中。

"真正的民主制"作为一种政治制度安排体现了"自由人联合体"的政治意蕴,在其经济制度层面而言,社会主义制度正义是为了实现人的解放,因此,作为人类解放的理想制度形式,还必须对自由人联合这一制度精神所指向的经济制度加以说明。可以这么说,自由人的联合体这一构想在经济制度层面展现为批判私有制和重建个人所有制的双重逻辑,这双重逻辑的转变也暗含着一种新的生命特性的生成。

如果"自由人联合体"作为一种制度精神审视资本主义私有制,可以透视出私有制不仅在经济学层面是一种不正义制度,其不正义性在更深层次上指向对人之为人特性的扭曲和压制。"自由人联合体"作为一种理想的制度精神,不仅是对政治异化的克服,也要克服经济异化。所以,在经济制度层面,自由人的联合体强调对压制和扭曲人的本质的私有制的积极扬弃,而且通过对这一经济制度的扬弃恢复对人的本质占有。这一扬弃不是对财富占有的真正扬弃,而是使人不仅实现了对财富的占有,更使人消除了占有形式的异化。"对私有财产的扬弃,是人的一切感觉和特性的彻底解放。"[1]事实上,随着经济发展和资本逻辑对社会生活的全面入侵,这一经济异化现象在资本主义国家中比以往更加严重。乃至于不止经济领域,甚至我们赖以生存的文化和语言都遭受了资本逻辑的入侵,成为资本私有制的一部分。齐泽克将这一现象称为"资本主义的新圈

---

[1] 《马克思恩格斯文集》第 1 卷,北京:人民出版社,2009 年,第 190 页。

地运动"。这是资本对人的公共生活空间的全方位入侵，它通过入侵人的生活来操控和侵犯人的情感和感受，异化人的公共生活，侵占人的生活空间。因此，面对资本逻辑对人的生活的全面入侵，仅仅通过制度的改良是不能对抗和解决的，从根本的意义上而言，必须扬弃生产资料私有制，去对抗资本对人的生活空间和情感状态的压制。因此，要想实现人的本质的彻底复归，就要通过消灭资本逻辑对人的宰制而重构经济制度，共产党人的目标就是"消灭私有制"。[1]

"自由人联合体"作为一种制度精神，不仅具有批判维度，同时也具有建构维度。如果说消灭私有制是其在经济层面的批判维度，那么还必须对一种更高级的、合乎人的生命特性的经济制度进行描述，这就是重建个人所有制。

首先，就重新建立起来的个人所有制的性质而言，属于公有制，而不是私有制。但它并不是对前资本主义空洞的所有制形式的复归，也不是对一切资本主义私有关系的连根拔起。怎么理解个人所有制的性质与特征，与怎么理解它产生的历史过程息息相关。对于这一点，马克思对资本主义私有制性质和特征进行了详细阐述，正是在资本主义私有制度下，才导致劳动者对自身否定，所以要打破这种所有制，劳动者共同占有生产资料，才能够"重新建立个人所有制"。[2] 而"重新"一词的使用，似乎也印证了马克思认为在

---

[1] 《马克思恩格斯文集》第2卷，北京：人民出版社，2009年，第45页。
[2] 《马克思恩格斯文集》第5卷，北京：人民出版社，2009年，第874页。

此之前存在一种公有性质的个人所有制。在《政治经济学批判大纲》中，马克思深入分析了资本主义生产之前的所有制形式，共有三种所有制形式，虽然三种形式各不相同，但是存在着一个普遍特征和规律，就是在资本主义生产之前，劳动者把自己的劳动当作自己的财产；进入资本主义生产之后，资产阶级占有生产资料，所有制的特征就是资产阶级剥削劳动者的剩余价值。从人类历史发展的视角来看待资本主义私有制，其意义体现在两个方面：一方面大力发展了生产力，为进入社会主义创造了丰富的物质基础；另一方面，资本主义私有制尤其是其劳资分离的生产方式决定了其必然要走向灭亡，而被一种更高社会阶段的所有制形式所取代，这就是个人所有制。对资本主义私有制的否定，这是第二个否定，是使劳动和生产资料实现统一的否定之否定，而这个统一是一种更高级的统一形式。

其次，就其对象而言，重建个人所有制是重建消费资料的所有权。生产资料由整个社会占有，消费资料归个人占有。根据唯物史观，重新建立起来的个人所有制是一种社会所有制，劳动者使用公共的生产资料进行劳动。劳动者创造的社会产品从整体上看可以分为两个部分：一部分作为生产资料，仍然属于整个社会所有；另一部分供联合体所有成员共同消费，属于生活资料的部分。也就是说，在重建的"个人所有制"中，劳动产品分为两个部分，一部分由社会占有，用于社会生产；另一部分由劳动者占有，用于生活和享受资料。因此，从重建个人所有制的内容来看，重建的是消费资料的所有制，并不包括生产资料。《哥达纲领批判》中也进一步阐述了这一点，"除了自己的劳动，谁都不能提供其他任何东西，另一方面，除了个人的消费资料，没有任何东西可以转为个人的财产"①。也就是说，自由人的联合体所指向的重建个人所有制，只涉及消费资料的分配和占有，而不涉及生产资料的分配和占有。

最后，就其主体性意蕴而言，在对重建个人所有制的传统解读模式中，往往更多地关注重建个人所有制的所有制层面，而缺乏对个人的关注。重建个人所有制，事实上是一种从个人角度对所有制形式进行的解读，同时还表明了未来社会主义中人的内在生命特征，这里"个人"并不是市场经济中逐利的个人，而是联合起来的、共同占有消费资料的个人。重建个人所有制，不仅体现了个人对物的占有，而且充分体现了个体的主体地位，进一步彰显了个体应有的内在价值。在出版于1872—1875年间的《资本论》第1卷法文版中，马克思将德文版中的"重新建立个人所有制"，改为"重新建立劳动者的个人所有制"。这里加入了劳动者这一概念，实际上是从人的内涵的视角，进一步强调了重建个人所有制的特点，这种所有制建立在联合劳动的基础之上。在资本主义社会以前，所有制的特点就是劳动和所有权同一，即劳动者以个人的形式占有生产资料，并拥有对劳动产品的所有权。在资本主义社会，资产阶级占有劳动产品，劳动者通过出卖劳动力占有少量的工资收入，而不占有自身的劳动产品。当人类进入共产主义社会，消除了私有制，劳动者可以完全占有自己的劳动产品。也就是说，在这一阶段，个人所有制的典型特征就是生产资料公有制。对此，哈特认为马克思

---

① 《马克思恩格斯文集》第3卷，北京：人民出版社，2009年，第434页。

是在一个特殊的占有概念上展开关于"自由人联合体"的构想的，是从"占有我们自己的主体性、我们的人性、社会关系"[①]出发对此进行研究，马克思强调的占有，不再是对具体已经存在物的占有，而是在劳动中不断创造新的占有物。无论是马克思对自由人的联合体的描述，还是现代法国激进左派对自由人的联合体的重启，都体现了一种主体性特征。在自由人的联合体的话语中，"把主体性，生存论维度重新结合到理论之中"[②]。

总的来说，以自由人的联合体的视角审视所有制，展现为批判私有制和重建个人所有制的双重逻辑，这双重逻辑为我们重新审视自由人的联合体所蕴含的精神力量提供了方向。在根本的意义上，自由人的联合体在指向某种制度安排的同时，更为关注地指向人的生命本性的价值维度，因此，在变革旧有的制度形式上承诺一种主体性，是自由人的联合体所蕴含的积极内涵。

---

① 〔美〕迈克·哈特：《共产主义之共者》，陆心宇译，《国外马克思主义评论》2010年，第82页。
② 参见汪行福：《为什么是共产主义？——激进左派政治话语的新发明》，《国外马克思主义评论》2010年，第3—27页。

结语 "新全球化时代"制度正义理论创新的中国方案

每个时代都有人类共同面临的正义难题,这是毋庸置疑的。伴随着全球化进程的不断加深,思考和探究制度正义这样一个具有时代性高度的难题也需要突破民族和国家的边界,上升到全人类的价值关怀层面对人类生存于其中的当代世界的"正义问题"做出具有与这个时代的本质内在契合的诊断和评判。"我们开始要谈的前提并不是任意提出的,它们不是教条,而是一些只有在想象中才能加以抛开的现实的前提。"① 这一命题被不同时代的马克思主义理论者引用,旨在强调唯物史观面向"时代问题"的历史现实性,更是唯物史观基于时代问题和时代特性把握社会现实的"在场性"表达。

制度正义无疑是以整个人类的生存境况为现实关切而提出的具有实践性和反思性批判层面的学术议题。进入后现代化时代,这一议题要获得在场性彰显,就必须能够对一系列由全球化带来的正义

---

① 《马克思恩格斯全集》第3卷,北京:人民出版社,1960年,第23页。

问题进行哲学反思，从而为人类走出具有价值意蕴的现代性困境贡献出智识性的方案。在回答这个问题之前，有必要澄清何谓全球正义问题以及全球正义的出场逻辑，从而彰显基于全球正义视角构建制度正义的缘由和可能性。

"何谓全球正义"？或者说全球正义展开的话语逻辑有哪些？整体来看，全球正义的内涵主要包括两个层面的基本逻辑：一是在价值观层面，倡导合乎正义的价值原则。它立足于社会现实，从思想上提出自由、平等的价值诉求，体现人类社会对实现全球正义的美好期许；二是在制度层面保障全球政治经济秩序，只有以全球制度正义作为有效保障，才能生发出有利于全人类的精神价值。

全球正义是对资本在全球范围内追求增殖逻辑过程产生的贫富不均和权利不平等的世界体系问题的反思。作为人类实践活动的基本价值追求，全球正义旨在打破资本逻辑主宰下的资源不平等分配，使被剥削国家摆脱资本逻辑的宰制，从而建构不同国家经济体之间共生共荣的价值机制和共生共在的全球整合秩序。全球化的不断推进使人类命运呈现为密切相关的时代新态势，如何以自由人联合体的价值宗旨保障国家的自由发展空间，从而使联合体成员从被束缚的物质力量中解放出来，成为影响人的自由全面发展的重要因素。然而，国家之间的资源分配不均、权利失衡诱发了一系列全球非正义问题，给我们提出了一个必须回答的时代问题：这个世界的实践逻辑所造成的全球正义问题是什么？使这个世界如此以及使这个世界变好应当践行的实践逻辑是什么？

其一，价值观念的冲突。苏联和美国之间的意识形态对立虽然在冷战之后结束了，但是具有侵略性质的西方意识形态对外扩张的脚步依然在继续，它们以"普世价值"为旗帜，不断以正义之名输出西方的自由主义价值观念，为自己的经济模式做正义性辩护，严重破坏了全球政治经济秩序的正义性，给世界政治经济发展造成了一系列消极后果，严重违背了全球制度正义的价值要求。这些消极影响展开来说，主要表现为：（1）造成一些国家内部的政治动荡，安全问题也急剧恶化，从而阻碍了当地的民族团结和经济发展。（2）打着自由平等的旗号招摇撞骗，肆意诋毁被其视为对手的国家和地区，严重干涉他国独立自主的发展路线，破坏了全球经济增长的良性发展模式。（3）严重扰乱国际关系，造成国际秩序的混乱，破坏了国家之间的经济合作和政治团结，违背和平与发展的时代主题。

其二，全球贫困是生成于全球化时代浪潮之中新的全球性问题和正义问题。在当今世界，人类基本的生存和生活方式随着生产力的飞速发展呈现出质的变革和特性。人类社会在获得由资本逻辑主导的现代化实践中积累大量物质财富的同时，相伴而生地要面临诸多的生存问题——价值冲突、环境问题、资源分配、领土问题、贸易问题，等等。这一系列巨大的挑战背后隐含的是全球贫困问题，或者说，全球贫困问题是回答和解决这一系列挑战的前置问题。如何回答全球贫困问题，就决定着人类社会如何解决由制度选择而导致的一系列价值冲突、资源分配等问题。

全球贫困被联合国作为威胁人类社会发展的首要全球性正义问题。据国际援助与发展组织乐施会发布的最新报告《请回报劳动，不要酬谢财富》中指出，全球82%的财富流向了最富有的1%人群，与此同时，富人的财富增长速度也比普通工人的工资增长快6倍。在美国，一名CEO一天的收入就等同于一名普通工人一年的工资额。① 也就是说，虽然"如今的生活大比历史上的任何时期都要好，越来越多的人走向富裕，而生活在极端贫困中的人越来越少"，"然而数以百万计的人仍然生活在对赤贫和过早死亡的恐惧中，世界是非常不平等的"。② 在这些具体而庞大的数字背后隐含着一些直观的正义拷问，这种全球财富分配是正义的吗？造成这种财富分配不正义的实践逻辑是什么？具体来说，人类面临的现代性难题复杂多样，很难一一列举，但全球财富分配不均是时代向我们提出的主要的时代难题之一。全球财富分配不均是一个业已存在的社会事实。当我们追问全球财富分配不均是否正义的时候，财富分配不均就不仅仅是一个社会事实或者经济学的问题，而成了一个事关"全球正义"的价值问题。

全球化浪潮作为一种不可逆的时代潮流，开辟了一种公共生活的新态势，使原本局限于一个民族或国家内的公共生活空间拓展到全球领域，并且"在那里出现的每一件事都是每一个人能见能闻的"③。因此，在万物一体的全球化浪潮下，在公共社会中看似作为

---

① 参见全球有两天诞生一位亿万富豪，82%财富流向1%人口。http://www.199it.com/archives/680159.html,2018-01-24/2021-04-23.
② 〔美〕安格斯·迪顿：《逃离不平等：健康、财富及不平等的起源》，崔传刚译，北京：中信出版社，2014年，第1—5页。
③ Hannah Arendt, *The Human Condition*, Garden City, NY: University of Chicago Press, 1959, p.45.

个体存在的个人彼此并不是互不关联的。以民族国家为独立单位的国际社会自诞生以来，便是一个充满利益博弈的公共场域。全球正义作为各民族国家生存与发展的伦理规范是伴随着全球范围内政治力量和经济利益的博弈对民族国家提出的行为伦理规范。如何实现全球社会基于全球范围的公共性的伦理责任，以促进国际社会主体之间共同谋求发展与进步，对于这一问题的回答，不仅关系到国际关系系统有机联动和秩序化运行的伦理规制方式，而且关系到全球共同体成员在此过程中过一种合乎伦理的生活方式。构建一种合乎伦理的全球性的公共生活空间不是一个民族或国家的问题，而是"有赖于这些国家在实践上和理论上的合作"[①]。全球化浪潮势必对不公平的国家政治经济秩序和制度体系提出挑战。

全球正义和制度正义的内在强关联性源于对全球贫困的成因分析。对于这一问题，学术界通常有两种不同的回答。国家主义者认为，正义原则只能被同一个政治国家内部的社会公民享有，如罗尔斯所说，一个民族的富裕程度取决于他们的政治制度和社会制度等社会文化传统。这样看来，全球范围的财富分配不均，乃至国家内部不同群体之间的贫富差距，只与本国的政治文化传统、经济制度安排有关，而与其外部因素如国际环境、国际秩序无关。事实上，这一价值问题在很长一段时间都隐藏在发达国家制定和主导的全球经济秩序身后，被解释为根源于发展中国家落后的治理体系和制

---

① 〔美〕彼得·辛格：《一个世界：全球化伦理》，应奇、杨立峰译，北京：东方出版社，2005年，第171页。

度，因而是正义的。这种解释不过是"西方中心主义"者的论调罢了，其根本目的是为以资本主义经济制度为轴心的资本主义制度做合法性辩护，从而输出以资本主义"自由、民主"的价值组建的全球秩序。显而易见，资产阶级自登上历史舞台以来一直以自己认为合乎理性的方式为具有现代化烙印的资本增殖逻辑做正义性辩护。然而，"现在全球政治和经济的秩序是富裕国家及其公民强加的，而这个秩序成为实现人权的主要障碍，因此他们有责任重造这个秩序，从而使所有人类都能够成为它们的共同体、社会和整个世界的充分而受尊重的成员"[1]。

世界主义者认为，全球正义的终极关怀单位是每个人，而不是任何团体、民族和国家，从这一正义理念出发可以让制度设计在世界范围内的人与人之间实行更平等的社会经济分配。因此，全球经济秩序对于财富分配不均起着至关重要的作用，加速了落后国家的贫困问题。事实上，以美元为核心建立的国际货币金融体系，使得美国可以以轻松的方式赚取世界财富，制度体系的不平等进一步强化了财富分配不均的现象。与国家主义者不同，世界主义者将落后国家的贫困问题以及全球财富的分配不公归咎于全球经济秩序的不公平。因此，他们主张"所有制度设计的首要命令就是把可避免的侵犯人权的情况降到最低"[2]。

---

[1] Thomas W. Pogge, "World Poverty and Human Rights", *Ethics & International Affairs*, Vol. 19, No. 1, 2005, p. 184.
[2] 〔美〕涛慕思·博格：《康德、罗尔斯与全球正义》，刘莘、徐向东等译，上海：上海译文出版社，2010年，第526页。

总而言之，全球财富的不平等分配与两种因素相关：一方面是国家的内部因素，比如国内的制度设计与安排或者地域、环境等道德偶然性因素；另一方面是全球基本经济结构及其制度安排等国际因素。不可否认，全球财富分配不均与制度正义存在着强关联性。诚如凯·尼尔森所言：我们应当关注社会结构，包括生产方式，是社会结构和生产方式将一部分人放在被支配和控制的地位，而把另一部分人放在附属和弱势的地位。造成全球正义问题的根源不是偶然的因素，如地理位置的劣势或者某位领导人的腐败等，而是不利于贫困国家及其公民权利的全球制度秩序。或者说，偶然的道德因素无所谓正义与否，值得思考的正义问题应当是全球制度对待它们的方式。毋庸置疑，全球制度和政策的制定权几乎掌握在发达国家手中。因此全球制度正义的产生和制定并不是价值中立的，而是更倾向于发达国家及其公民利益的，以至于无法保障甚至损害落后国家的合法权益，也就使得落后国家中的贫困程度日益加深，贫困人口的数量日益增多。这种制度的不正义性，具体表现在如下三个方面：

第一，资本主义制度自登上历史舞台伊始，在其快速发展的几百年历程中一直以来都是按照"自由、平等、博爱"等价值原则自主地展开自己的实践逻辑，并且声称自己掌握了社会历史发展的科学真理。资本主义意识形态拥护者都希望按照合乎资本主义制度正义的方式建构全球政治经济秩序。因此，许多处理国家利益的制度规则比如贸易条约、农业补助和反倾销法等等，在制定的过程中就直接倾向于强权国家或者富裕国家，明显不利于贫困国家及其贫困人口的发展。而这些富裕和强权国家在历史上早已通过杀戮和殖民等非正义手段掠夺贫困国家的财富，实现自身的原始积累。

第二，所谓的全球性制度秩序，从根本上是富裕国家维护自己利益的手段，它侵犯的是贫穷国家及其人民的利益甚至是贫困国家的人应对这种贫富分化的能力，导致贫困国家及其人民无法阻止这种不正义制度秩序对自身合法权益的侵害。从全球不正义问题的制度根源来看，当前国际政治秩序被一些富裕国家主宰，这些强权国家凭借资本特权将其渗透到政治和军事等领域以维护自己的霸权地位，而贫困国家自身主体力量弱小，无法摆脱富裕国家的霸权逻辑，从而通过依附于强权国家而获得生存。虽然富裕国家也会对贫困国家实行经济援助，但其实质上不过是资本增殖逻辑的全球化表达，是以帮扶之名来控制贫困国家发展的强权逻辑。如果对富裕国家的强权逻辑不加以遏制而使其基于不平等的国际政治经济秩序进行全球化实践的话，只会导致贫困国家及其人民的利益进一步受到伤害。简言之，针对现有秩序，富裕国家作为这种制度秩序的制定者和支持者，是这种不正义现象的制造者和维系者，贫困国家往往别无选择，以至于不得不成为这一不正义制度秩序中被宰制的一方。

第三，不正义的全球制度性秩序从根本上伤害了人权。这里的人权，不是通常意义上的政治权利，而是博格主张的社会和经济权利。西方国家建立的所谓的民主制度往往保障的是自己国家内部少数人的权利，在全球范围内往往基于一种程序正义强调政治权利而忽视穷人的经济权利。因此，博格主张制度型人权，即全球政治经济制度性秩序应当保障穷人的社会和经济权利，即通过分配将社会

结语 "新全球化时代"制度正义理论创新的中国方案

财富分配到需要者手中。这也意味着要将每一个人而不是国家和民族置于终极的道德坐标上，实行一种基于个体差异性需求的彻底平等主义。但是，资源的有限性对庞大的贫困人群数量而言，这种彻底的平等主义是难以实现的。

对于人们应当如何采取行动以解决全球财富分配不均的正义问题，实现资源和机会在全球范围内的平等分配，使全球资源及现代化发展成果惠及每个人而不仅仅是发达国家中的人，学术界争论不休。这一争论包含着对"什么是正义"以及"应当如何实现正义"的双重追问。但是，目前达成的一个基本共识是通过人道主义援助的措施来解决全球范围内的生存性贫困，以保障一种基本的生存正义。生存性贫困与人类的生存和基本需要密切相关，也就是说，深陷生存性贫困中的主体因物质短缺而不能满足其基本的生活需要。他们在肮脏的环境中生活，在生死线上挣扎，面临着一系列与人类尊严极不相符的生存困境，比如"营养不良、文盲、疾病、肮脏的环境、高婴儿死亡率、低寿命预期"[①]等等。内格尔将这种状态称之为最低关切，包含两层含义：其一，当人类最基本生存受到的侵害达到一定程度，才会产生人道主义义务。这种最低关切实际上是一种最低门槛，如果这一最低门槛得不到保障，人类的基本生存就无法得到保障；其二，最低关切作为一种人道主义援助，无需援助者做出重大牺牲，对援助者的利益不会造成不利影响。因此，人道主

[①] Peter Singer, *One World Now: The Ethics of Globalization*, New Haven & London: Yale University Press, 2016, p.100.

义援助的支持者强调这一路径在实现全球正义中的实践优势。在根本的意义上而言，对于什么是最基本的生存性贫困，无论人们身处何地，以及具有何种文化背景，都比较容易达成共识，而且人道主义援助的目标就是为了解决生存性贫困，保证人的生存以及基本生活需要，具有现实可行性。

不得不承认，在解决全球财富分配不均，实现全球正义的实践中，人道主义援助发挥了巨大作用，但是，因其忽视了全球分配不均与制度正义的强关联性，很难达到预期目的。人道主义援助因其明确的物质要求以及道德关切而具有明显的实践优势。截至2020年，全球正义问题正在以新的形势向时代提出正义之问。比如，题为《下一个前沿：人类发展与人类纪》的《2020年人类发展报告》指出，新冠肺炎疫情是世界面临的最新危机，因此，除了继续使用衡量一个国家卫生、教育和生活水平等发展指数外，应当引入一个新视角指数，包括一个国家二氧化碳排放量及其材料足迹指标。简言之，人类发展下一个前沿领域不是在人与树木之间做选择，必须认识到那种不平等的、碳密集型的增长驱动的人类进步模式已经走到了尽头。只有通过解决不平等、积极创新、与自然合作，人类发展才可以向前迈出转型的一步，支持人类社会和地球的共存。人道主义援助无法取得预期目的乃至理想效果的原因是多方面的，它既与被援助国家内部的复杂国情有关，又与援助国的政治组织和结构，也与对外政策、援助的动机、决策程序和合法性过程有关，从根本上而言，则源自于它忽视了全球分配不平等与制度正义的相关性，忽视全球性的制度正义才是解决全球分配不正义的根本途径。或者说，全球分配不正义的产生与消除从根本上是与制度正义密切相关的。

新全球化时代,制度正义是全球政治经济秩序不断趋向合理化的不可或缺的重要因素。如何基于马克思主义唯物史观理论立场回答这一有世界性意义的时代课题,以维护国家主体之间和平共处?习近平总书记在汲取优秀传统文化的基础上提出了人类命运共同体思想。人类命运共同体旨在超越狭隘的民族、国家利益和意识形态的限制,以共赢、共享、普惠、合作、包容等为核心精髓和理论品质,在其提出之初就不仅仅是作为一种正义原则而存在,而是作为指向应当如何行动的实践命题而存在,无疑为实现全球正义提供了一种可能的制度正义方案。

人类文明应当何去何从,人类社会应当追寻什么样的价值原则?西方资本主义国家将其登台之初宣扬的"自由、民主、博爱"等价值原则美化为具有普适性的价值原则,并打着"人文主义"的旗号进行宣扬和传播,其本质是资本主导的意识形态扩张的霸权逻辑。"普世价值"鼓吹者秉持着这样一种现代化逻辑:现代化道路的合法性内生于资本主义制度中,西方社会的价值原则、社会制度和发展道路是唯一正确的现代化模式。因此,当前全球政治经济秩序实际就是西方资本主义国家依据其普世价值建立的国际范式,其与资本主义生产方式内在勾连和伴随着资本在全球内的扩张必然会导致一系列全球非正义问题。习近平总书记立足于全人类的生存境况和普遍境遇提炼出"和平、发展、公平、正义、民主、自由"[①]的

---

① 《习近平谈治国理政》第 4 卷,北京:外文出版社,2022 年,第 425 页。

人类共同价值,作为构建人类命运共同体的价值原则和人类社会探寻现代化道路的文明向导,其与西方资本主义国家所宣扬的"普世价值"具有本质的不同。

第一,二者的建构逻辑不同。"普世价值"的建构起点是抽象人性论。抽象人性论把人从特定的历史条件和社会关系中抽象出来,忽视人的现实存在性,从人的自我意识而不是生产实践出发去解释人的本质,从而无法正确地把握和关照现实的人及其生存境况,其世界观是唯心主义的价值建构逻辑。"离开实践单纯从理论上去讨论价值问题,是永远也讨论不清楚的。"[①] 全人类共同体价值以现实的人为现实关怀,从人的生产实践和经济关系出发去讨论人应当的生存境遇,从而搭建起来一条由实然通往应然、由现实通往理想、由必然王国抵达自由王国的有效路径,使人类社会开显出一条依托于感性现实的实践逻辑。

第二,二者的价值立场不同。"普世价值"以抽象的人为逻辑建构起点,其目的是服务于资产阶级的利益,服务于资本增殖逻辑的。资本增殖逻辑作为资本主义生产方式的增殖逻辑,它在全球范围内的扩张,需要依附于一定的思想载体和意识形态反思,这就是普世价值的产生逻辑。显然,普世价值关怀的绝不是全人类的实践方式和生存境况,而是为了追求资产阶级利益在全球范围内的扩张。全人类共同体价值超越民族、国家和地域的限制,以现实的

[①] 黄楠森:《马克思主义哲学体系的当代构建》(下册),北京:人民出版社,2011年,第898页。

人的生存境况为关怀对象，凝练出全人类价值追求的最大公约数，致力于实现全球范围内的"和平、发展、公平、正义、民主、自由"。"和平、发展是全人类共同价值中的基础与首要。"① 和平与发展作为先进生产力发展的前提条件和物质基础，是改善人类境况的首要价值，也是实现公平、正义、民主、自由等美好价值的现实保障。"要解决好各种全球性挑战……根本出路在于谋求和平、实现发展。"② 简言之，六大价值作为一个有机整体，以全球范围内的个体为关照对象，立足于系统思维和战略思维，从现实和理想双重层面构建了人类生存的理想蓝图，开显了人类美好生活的价值追求和应然状态。

第三，二者的实践逻辑具有质的差异性。"普世价值"在现代社会的实践逻辑往往表现为与新自由主义勾连在一起的意识形态霸权，它否认乃至忽视民族国家之间的现实差异性，以自己的价值原则为标尺去制裁其他国家和民族，并以"真理卫道士"的伪善理由强迫他国站队制造意识形态对抗。全人类共同价值倡导各个国家主体地位平等，秉持以"命运与共"的理念化解国家之间的冲突和矛盾。以"和平、发展、公平、正义、民主、自由"引领的全球政治经济实践逻辑不仅超越了"西方中心论"的意识形态霸权逻辑，为和谐国际关系的构建提供了价值蓝图，也从实践层面突破了西方社

---

① 沈湘平：《深刻把握全人类共同价值的科学内涵与实践意义》，《思想政治工作研究》2022年第5期，第22页。

② 习近平：《论坚持推动构建人类命运共同体》，北京：中央文献出版社，2018年，第247页。

会片面强调形式权利而忽视经济利益的形式正义，为人类社会提供了一套具有现实实践性的全球正义模式。

总而言之，全人类共同体价值作为马克思主义价值原则的现代化、时代化的表达，是基于新全球化时代的当代实践而生成的全球性价值共识。这不仅是对马克思主义根本立场、根本观点和根本方法的理论坚持，更是在对社会历史发展规律的科学把握上对"世界怎么了"、"世界会好吗"的实践回答。全人类共同价值对于世界历史的科学把握不仅为构建人类命运共同体提供了价值依据，更为建构公平正义的全球政治经济秩序提供了现实指引。全人类共同价值基于全球化实践展开的理想和现实的双重逻辑最终落脚为对全球性问题的制度关切，而不是仅仅囿于理性思辨的一种道义上的价值关切。以2020年突然爆发的全球新冠疫情为例，习近平总书记始终坚持人类命运共同体的价值关切，认为疫情关乎全人类的生命健康与生存境况，只有世界各族人民团结奋进、共同合作、守望互助才能克服疫情。面对疫情在全球范围内的蔓延情况，中国始终奋战在防控第一线，一次又一次用实际行动践行了全人类共同价值。如果说全人类共同价值为建构公平正义的全球秩序提供了价值引领，那么以人为根本的全球正义制度的建立是保障全球秩序正义的现实逻辑。因此，对全人类命运尤其是贫困人口命运的终极关怀要从人类命运共同体中寻找方案。

首先，全球正义的实现要以人为本，要充分考虑到贫困国家和贫困人口的实际情况，能够真正为他们带来发展能力、带来福祉。习近平所提出的人类命运共同体理念，实际上就是充分体现了这一点，旨在建构关注所有国家与个体生存和发展的正义原则，但必须通过社会结构的改变来提升贫困主体的能力。诚如马克思所说："必须这样安排周围的世界，使人在其中能认识和领会到真正合乎人性的东西，使他能认识到自己是人。"[①]因此，狭隘地将财富分配不公平问题理解为贫困国家收入的减少，以及试图通过加大在教育、医疗等领域的投入来消除贫困的做法是对"目的和手段的混淆"[②]。因此，从解决全球财富分配不均的视角出发，只有提升贫困国家或贫困人口的发展能力，才能从根源上克服贫困。因此，中国推动的"一带一路"倡议所提出的共建丝绸之路经济带以及21世纪海上丝绸之路等方案，实质上就是为了支持发展中国家能够在互联互通、平等对话、相互协商的基础上深度合作，在互惠互利的基础上实现发展，为贫困国家和贫困人口提供发展的机会，提升他们发展的能力，从根源上解决贫困财富分配不均的正义问题，"为国际减贫事业注入新活力"[③]。同时，如阿马蒂亚·森所言，人类命运共同体勾勒的制度正义方案"建立了一种重要的间接联系，通过这种联系，提高能力直接和间接地有助于丰富人类生活，使人类的贫困现象更加少见、更不严重"[④]。但是，这并不意味着对人道主义援助的放弃，比如，中国对不发达国家提供的援助不仅仅在物质方

---

① 《马克思恩格斯全集》第 2 卷，北京：人民出版社，2005 年，第 166—167 页。
② Amartya Sen, *Development as Freedom*, New York: Alfred A. Knopf, 1999, p.92.
③ 习近平：《携手消除贫困，促进共同发展》，见《十八大以来重要文献选编》（中），北京：中央文献出版社，2016 年，第 723 页。
④ Amartya Sen, *Development as Freedom*, New York: Alfred A. Knopf, 1999, p.92.

面，而且还体现在技术、智力和人力资源支持等方面。

其次，全球正义的实现需要改变不正义的国际环境和国际秩序。相互尊重、共享共建、公平正义是人类命运共同体为实现全球正义提供的中国智慧。实现全球正义不是一国一地的事情，试图局限于"一国范围"的政治、经济、文化制度正义来实现全球正义，最终会陷于困境。这种制度方案没有考虑富有国家在原始积累的过程中对落后国家所犯下的罪恶，及其所背负的历史债务，试图用一个国家范围内的公平正义来掩盖全球经济制度的不平等，显然是不可能的。在现实生活中，全球分配不正义问题的产生主要来自于不公正的国际环境和国际秩序。随着全球化程度的不断加深，全球政治、经济、文化、生态等领域的联系越来越紧密，各种文化、规则、组织和制度等共同组成了一个全球制度体系。显而易见，在强权和富裕国家主导下形成的全球制度体系，不仅不能保障贫困国家和贫困人口的权利，而且会影响到他们的发展，加深对他们的伤害，最终削弱全球化发展带来的成效。如果没有公平、正义的全球制度体系，那么就难以保障国际交往行为的公平性和正义性。即便是一些贫困国家或者人口通过人道主义援助暂时获得了经济援助，但是由于全球经济和政治结构的不平等，贫困人口所拥有的资源和发展机会仍然非常有限，全球分配正义问题依然严峻。人类命运共同体主张打破不公平的全球制度秩序，将公平、正义纳入对全球制度秩序的思考之中，重新评估全球经济和政治领域的制度，构建公平正义的全球制度秩序，让每一个国家、民族和个体都拥有平等发展的机会，能够共享全球经济发展的成果，这无疑为实现全球分配正义提供了有效的保障机制。

最后，全球正义的实现在于消灭私有制。全球财富分配不均的实质在根源上是生产方式的不正义。生产资料在国家内部不同群体间以及国与国之间的不平等占有，决定了分配的非正义性。在生产资料占有不平等的前提下，随着工人生产的财富越多，就越生产自身的贫穷。生产力的发展和资本逻辑对生产的宰制一方面创造了大量的物质财富，另一方面又创造了新的不平等问题。这种建立在生产力发展基础上的不平等带来的不仅是劳动者本质的进一步异化，而且创造了富者愈富、穷者愈穷的更加深刻的不平等。人类命运共同体主张"让发展成果惠及世界各国，让人人享有富足安康"[①]，因此，消灭全球贫困，必须深入到生产方式领域，制定消除剥削的法律措施，比如改善劳动关系、制定社会福利制度、实施最低工资方案、为低收入者提供更多的就业机会等。这些法律措施虽然能够从一定程度上缩小收入差距，但无法从根源上保证全球分配正义的实现。显然，"为了共同的利益……私有制也必须废除，而代之以共同使用全部生产工具和按照共同的协议来分配全部产品"[②]。只有通过推翻私有制，才能除掉束缚在贫困国家上的贫困锁链而获得整个世界。此时，"生产资料的全国性的集中将成为由自由平等的生产者的各联合体所构成的社会的全国性的基础"[③]。

[①] 习近平：《携手建设更加美好的世界——习近平在中国共产党与世界政党高层对话会上的主旨讲话》，《人民日报》2017年12月1日。
[②] 《马克思恩格斯文集》第1卷，北京：人民出版社，2009年，第683页。
[③] 《马克思恩格斯全集》第18卷，北京：人民出版社，1964年，第67页。

总之，人类自诞生以来，尤其是在结束了原始平等状态，进入不平等状态以来，便历经千辛万苦，化解和克服了一次又一次的正义难题。在对正义难题一次又一次的化解和克服中，制度无疑是关键的要素。社会制度也在人类解答和克服不同时代正义难题的实践中几经更迭，但万变不离其宗，始终将正义作为合法性根据。历史证明，人类有足够的智慧转危为安，同时，也会随着时代变迁而面临新的正义难题。对于当前人类的发展水平来说，全球正义就是时代向我们提出的最大的正义难题。可以说，如何解决这一正义难题，不仅是对"这个世界怎么了"的追问，更是对应当如何建设这个世界的追问，在深层逻辑上契合人类命运共同体的理论品质和实践品格。"构建人类命运共同体，关键在行动。"① 或者说，人类命运共同体自提出之时就不是仅仅作为一种正义原则而存在的，而在于它用正义行动为实现全球正义提供了一种可能的制度正义方案。

---

① 《习近平谈治国理政》第2卷，北京：外文出版社，2017年，第541页。

参考文献

一、著作类

（1）《马克思恩格斯选集》，第1、2、3、4卷，北京：人民出版社，2012年。

（2）《马克思恩格斯文集》，第1、2、3、5、7、8、9卷，北京：人民出版社，2009年。

（3）《马克思恩格斯全集》第1卷，北京：人民出版社，1956年。

（4）《马克思恩格斯全集》第2卷，北京：人民出版社，1957年。

（5）《马克思恩格斯全集》第3卷，北京：人民出版社，1960年。

（6）《马克思恩格斯全集》第16、18卷，北京：人民出版社，1964年。

（7）《马克思恩格斯全集》第19、21卷，北京：人民出版社，1965年。

（8）《马克思恩格斯全集》第20卷，北京：人民出版社，1971年。

（9）《马克思恩格斯全集》第23、27卷，北京：人民出版社，1972年。

（10）《马克思恩格斯全集》第26卷，北京：人民出版社，2014年。

（11）《马克思恩格斯全集》第30卷，北京：人民出版社，1995年。

（12）《马克思恩格斯全集》第42卷，北京：人民出版社，1979年。

（13）《马克思恩格斯全集》第44卷，北京：人民出版社，2001年。

（14）《马克思恩格斯全集》第45卷，北京：人民出版社，2003年。

（15）《马克思恩格斯全集》第46卷（上），北京：人民出版社，1979年。

（16）《马克思恩格斯全集》第46卷（下），北京：人民出版社，1980年。

（17）《马克思恩格斯全集》第47卷，北京：人民出版社，1979年。

（18）〔德〕马克思：《1844年经济学哲学手稿》，北京：人民出版社，1979年。

（19）《习近平谈治国理政》第二卷，北京：外文出版社，2017年。

（20）《习近平谈治国理政》第四卷，北京：外文出版社，2022年。

（21）〔德〕马克思：《哥达纲领批判》，北京：人民出版社，2015年。

（22）《列宁选集》第一卷，北京：人民出版社，2012年。

（23）〔德〕哈贝马斯：《在事实与规范之间》，童世骏译，北京：生活·读书·新知三联书店，2003年。

（24）〔德〕赫伯特·马尔库塞：《单面人》，上海：上海译文出版社，1988年。

（25）〔德〕黑格尔：《法哲学原理》，范扬、张企泰译，北京：商务印书馆，1961年。

（26）〔德〕卡尔·洛维特：《世界历史与救赎历史：历史哲学的神学前提》，李秋零等译，北京：生活·读书·新知三联书店，2002年。

（27）〔德〕卡尔·曼海姆：《意识形态与乌托邦》，黎鸣、李书崇译，北京：商务印书馆，2000年。

（28）〔德〕卡尔·雅斯贝斯：《时代的精神状况》，上海：上海译文出版社，1997年。

（29）〔德〕柯尔施：《马克思主义和哲学》，王南湜、荣新海译，重庆：重庆出版社，1989年。

（30）〔法〕布迪厄、〔美〕华康德：《实践与反思》，北京：中央编译出版社，1998年。

（31）〔法〕卢梭：《论人类不平等的起源和基础》，李常山译，北京：商务印书馆，1962年。

（32）〔古希腊〕柏拉图：《理想国》，郭斌和等译，北京：商务印书馆，1986年。

（33）〔古希腊〕亚里士多德：《政治学》，吴寿彭译，北京：商务印书馆，

1965年。

（34）〔加〕戴维·施密茨:《正义的要素》，赵英男等译，北京：中国社会科学出版社，2019年。

（35）〔加〕凯·尼尔森:《马克思主义与道德观念》，李义天译，北京：人民出版社，2014年。

（36）〔加〕威尔·金里卡:《当代政治哲学》上卷，刘莘译，上海：上海三联书店，2004年。

（37）〔美〕R. G. 佩弗:《马克思主义、道德与社会正义》，吕梁山等译，北京：高等教育出版社，2010年。

（38）〔美〕R. W. 米勒:《分析马克思——道德、权力和历史》，张伟译，北京：高等教育出版社，2009年。

（39）〔美〕阿拉斯代尔·麦金太尔:《德性之后》，龚群译，北京：中国社会科学出版社，1995年。

（40）〔美〕阿拉斯代尔·麦金太尔:《伦理学简史》，龚群译，北京：商务印书馆，2010年。

（41）〔美〕艾伦·布坎南:《马克思与正义》，林进平译，北京：人民出版社，2013年。

（42）〔美〕安格斯·迪顿:《逃离不平等——健康、财富及不平等的起源》，崔传刚译，北京：中信出版社，2014年。

（43）〔美〕伯恩斯坦:《超越客观主义与相对主义》，郭小平等译，北京：光明日报出版社，1992年。

（44）〔美〕博登海默:《法理学法律哲学与法律方法》，邓正来译，北京：中国政法大学出版社，2004年。

（45）〔美〕丹尼尔·贝尔:《后工业社会的来临》，高铦译，北京：商务印书馆，1984年。

（46）〔美〕丹尼尔·贝尔:《资本主义文化矛盾》，赵一凡、蒲隆、任晓晋译，上海：上海三联书店，1989年。

（47）〔美〕德沃金：《至上的美德：平等的理论与实践》，冯克利译，南京：江苏人民出版社，2007年。

（48）〔美〕凡勃伦：《有闲阶级论——关于制度的经济研究》，赵英男等译，北京：中国社会科学出版社，2019年。

（49）〔美〕卡罗尔·C.古尔德：《马克思的社会本体论——马克思社会实在理论中的个体和共同体》，王虎学译，北京：北京师范大学出版社，2009年。

（50）〔美〕李普赛特：《政治人——政治的社会基础》，张绍宗译，上海：上海人民出版社，1997年。

（51）〔美〕罗伯特·诺齐克：《无政府、国家和乌托邦》，姚大志译，北京：中国社会科学出版社，2008年。

（52）〔美〕马克·R.图尔：《进化经济学》，赵英男等译，北京：中国社会科学出版社，2019年。

（53）〔美〕迈克尔·桑德尔：《公正，该如何去做》，朱慧玲译，北京：中信出版社，2011年。

（54）〔美〕迈克尔·桑德尔：《政治自由主义》，万俊人译，南京：译林出版社，2000年。

（55）〔美〕迈克尔·沃尔泽：《正义诸领域》，褚松燕译，南京：译林出版社，2002年。

（56）〔美〕乔恩·埃尔斯特：《理解马克思》，何怀远等译，北京：中国人民大学出版社，2008年。

（57）〔美〕乔治·霍兰·萨拜因：《政治学说史》，盛葵阳等译，北京：商务印书馆，1986年。

（58）〔美〕乔治·麦卡锡：《马克思与古人》，王文扬译，上海：华东师范大学出版社，2011年。

（59）〔美〕施特劳斯：《什么是政治哲学》，李世祥等译，北京：华夏出版社，2011年。

（60）〔美〕斯蒂芬·A.雷斯尼克：《马克思主义理论的新起点》，王虎学译，北京：中国人民大学出版社，2015年。

（61）〔美〕塔尔科特·帕森斯：《社会行动的结构》，张明德等译，南京：译林出版社，2003年。

（62）〔美〕涛慕思·博格：《康德、罗尔斯与全球正义》，刘莘、徐向东等译，上海：上海译文出版社，2010年。

（63）〔美〕希拉里·普特南：《事实与价值二分法的崩溃》，应奇译，北京：东方出版社，2006年。

（64）〔美〕休谟：《休谟政治论文选》，张若衡译，北京：商务印书馆，1993年。

（65）〔美〕约翰·E.罗默：《在自由中丧失》，段忠桥等译，北京：经济科学出版社，2003年。

（66）〔美〕约翰·罗尔斯：《正义论》，何怀宏等译，北京：中国社会科学出版社，1988年。

（67）〔美〕约翰·罗尔斯：《政治哲学史讲义》，北京：中国社会科学出版社，2011年。

（68）〔美〕约翰·罗尔斯：《自由主义与正义的局限》，万俊人等译，南京：译林出版社，2001年。

（69）〔美〕约翰·罗尔斯：《作为公平的正义——正义新论》，姚大志译，北京：中国社会科学出版社，2011年。

（70）〔美〕詹姆斯·G.马奇、〔挪威〕约翰·P.奥尔森：《重新发现制度——政治的组织基础》，张伟译，北京：生活·读书·新知三联书店，2011年。

（71）〔日〕川本隆史：《罗尔斯：正义原理——现代思想的冒险家们》，詹献斌译，石家庄：河北教育出版社，2001年。

（72）〔匈〕卢卡奇：《历史与阶级意识》，杜章智等译，北京：商务印书馆，1999年。

（73）〔意〕托马斯·阿奎那:《阿奎那政治著作选》，马清槐译，北京：商务印书馆，1982 年。

（74）〔印度〕阿马蒂亚·森:《以自由看待正义》，任赜等译，北京：中国人民大学出版社，2002 年。

（75）〔印度〕阿马蒂亚·森:《正义的理念》，王磊等译，北京：中国人民大学出版社，2012 年。

（76）〔英〕G. A. 柯亨:《马克思的历史理论》，岳长龄译，重庆：重庆出版社，1989 年。

（77）〔英〕G. A. 柯亨:《自我所有、自由和平等》，李朝晖译，北京：东方出版社，2008 年。

（78）〔英〕G. A. 柯亨:《自由、正义与资本主义》，张春颖译，吕增奎编:《G. A. 柯亨文选·马克思与诺齐克之间》，南京：江苏人民出版社，2007 年。

（79）〔英〕大卫·利奥波德:《青年马克思——德国哲学、当代政治与人类繁荣》，刘同舫等译，广州：中山大学出版社，2017 年。

（80）〔英〕戴维·麦克莱伦:《马克思以后的马克思主义》，李智译，北京：中国人民大学出版社，2004 年。

（81）〔英〕哈里·布里豪斯:《正义》，林毅等译，南昌：江西人民出版社，2019 年。

（82）〔英〕科恩:《拯救正义与平等》，陈伟译，上海：复旦大学出版社，2014 年。

（83）〔英〕洛克:《政府论》下篇，叶启芳等译，北京：商务印书馆，1964 年。

（84）〔英〕史蒂文·卢克斯:《马克思主义与道德》，袁聚录译，北京：高等教育出版社，2009 年。

（85）〔英〕斯密:《国民财富的性质和原因的研究》（上卷），北京：商务印书馆，1983 年。

（86）〔英〕汤因比:《文明经受考验》，沈辉等译，杭州：浙江人民出版社，1988年。

（87）〔英〕肖恩·塞耶斯：《马克思主义与人性》，冯颜利译，北京：东方出版社，2008年。

（88）〔英〕休谟：《人性论》下册，关文运译，郑之骧校，北京：商务印书馆，1980年。

（89）〔英〕约瑟夫·拉兹：《实践理性与规范》，朱学平译，北京：中国法制出版社，2011年。

（90）蔡元培：《中国伦理学史》，桂林：广西师范大学出版社，2010年。

（91）段忠桥、李佃来主编：《马克思与正义》，北京：中国社会科学出版社，2019年。

（92）段忠桥：《马克思的分配正义观念》，北京：中国人民大学出版社，2018年。

（93）高兆明：《制度伦理研究——一种宪政正义的理解》，北京：商务印书馆，2011年。

（94）韩东屏：《制度的威力》，武汉：华中科技大学出版社，2004年。

（95）李佃来：《马克思的政治哲学——理论与现实》，北京：人民出版社，2015年。

（96）李佃来：《政治哲学视域中的马克思》，北京：中央编译出版社，2018年。

（97）李惠斌：《马克思与正义理论》，北京：中国人民大学出版社，2010年。

（98）林进平：《马克思的"正义"解读》，北京：社会科学文献出版社，2009年。

（99）宋希仁：《西方伦理思想史》，北京：中国人民大学出版社，2004年。

（100）汪丁丁：《人与制度》，北京：东方出版社，2014年。

（101）汪丁丁：《制度分析基础讲义》，北京：中国人民大学出版社，2005年。

（102）吴忠民：《社会公正论》，济南：山东人民出版社，2012年。

(103)辛鸣:《制度论:关于制度哲学的理论建构》,北京:人民出版社,2005年。

(104)袁贵仁:《价值观的理论与实践》,北京:北京师范大学出版社,2006年。

(105)邹吉忠:《自由与秩序》,北京:北京师范大学出版社,2003年。

(106) John Rawls, *Political Liberalism*, New York: Columbia University Press, 1996.

(107) Joel Feinberg, *Doing and Deserving*, New Jersey: Princeton University Press, 1970.

(108) Robert C. Tucker, *The Marxian Revolutionary Idea*, New York: Norton, 1969.

(109) George G. Brenkert, *Marx's Ethics of Freedom*, London: Routledge, 2010.

(110) Jonathan Wolff, *Why Read Marx Today*, New York: Oxford University Press, 2002.

(111) Philippa Foot, Moral Belife, in W.D.Hudson(ed.), *The Is-Ought Question*, London: Macmilan, 1969.

(112) Peter Singer, *One World Now. The Ethics of Globalization*, New Haven& London: Yale University Press, 2016.

(113) Allan Gibbard, *Wise Choces, Apt Feelings. A Theory of Normative Judgment*, Massachustts: Harvard University Press, 1990.

(114) Amartya Sen, *Development as Freedom*, New York: Alfred A.Knopf, 1999.

(115) R.G. Peffer, *Marxism, Morality and Social Justice*, New Jersey: Princeton University Press, 1990.

(116) Philip Kain, *Marx and Ethics*, Oxford: Clarendon Press, 1988.

二、论文类

（1）白刚：《〈资本论〉：马克思的"批判理论"》,《马克思主义与现实》2019（1）。

（2）白刚：《资本逻辑的三种形态》,《武汉大学学报（人文科学版）》2016（3）。

（3）段忠桥：《对"伍德命题"文本依据的辨析与回应》,《中国社会科学》2017（9）。

（4）段忠桥：《马克思和恩格斯对正义概念的两种用法——兼评伍德的两个误解》,《中国社会科学》2020（6）。

（5）段忠桥：《平等是正义的表现——读恩格斯的〈反杜林论〉》,《哲学研究》2018（4）。

（6）冯颜利：《基于生产方式批判的马克思正义思想》,《中国社会科学》2017（9）。

（7）韩立新：《从国家到市民社会——马克思思想的重要转变》,《河北学刊》2009（1）。

（8）洪镰德：《马克思正义观和伦理思想的新近诠释——兼评〈马克思、正义和历史〉》,《现代哲学》1990（4）。

（9）李佃来：《历史唯物主义与马克思正义观的三个转向》,《南京大学学报（哲学·人文科学·社会科学）》2015（5）。

（10）李佃来：《马克思政治哲学与当代中国政治哲学建构》,《山东社会科学》2017（12）。

（11）李佃来：《全面把握马克思正义观需廓清的三个问题》,《山东社会科学》2023（8）。

（12）李佃来：《认识当前中国公正问题的三个维度》,《人民论坛》2014（32）。

（13）李惠斌：《一种马克思主义的分配正义理论是否可能》,《中共中央党校学报》2010（6）。

（14）李旸、肖恩·塞耶斯:《社会主义、正义与历史唯物主义——访英国马克思主义哲学家肖恩·塞耶斯教授》,《马克思主义理论学科研究》2018（1）。

（15）李义天:《平等:马克思主义政治哲学的核心问题》,《中国社会科学报》2017年5月25日。

（16）林进平:《从宗教批判的视角看马克思对正义的批判——兼与段忠桥先生商榷》,《中国人民大学学报》2017（3）。

（17）林进平:《论马克思主义正义观的三种阐释路径》,《哲学研究》2019（8）。

（18）林进平:《拯救正义而又彰显历史唯物主义——从艾伦·布坎南对"马克思与正义"论题的诠释说起》,《哲学研究》2013（8）。

（19）〔英〕罗宾德·辛格:《法律究竟是规范还是价值》,齐玎译,《人民法院报》2014年8月15日。

（20）马拥军:《历史唯物主义的"实证"性质与马克思的正义观念》,《哲学研究》2017（6）。

（21）〔英〕佩里·安德森:《新自由主义的历史和教训（续）——一种独特道路的确立》,《当代世界与社会主义》2001（4）。

（22）〔法〕让-吕克·南希:《共产主义,语词——伦敦会议笔记》,张志芳译,《国外马克思主义评论》2010年。

（23）沈湘平:《深刻把握全人类共同价值的科学内涵与实践意义》,《思想政治工作研究》2022（5）。

（24）汪行福:《马克思正义观的规范制度论重建》,《中国社会科学报》2013年8月2日。

（25）汪行福:《为什么是共产主义——激进左派政治话语的新发明》,《当代国外马克思主义评论》2010（5）。

（26）王新生:《当今中国社会转型的公平正义问题》,《中国人民大学学报》2015（5）。

（27）王新生：《马克思是否主张剥削是非正义的——对伍德重释马克思剥削理论的批判性考察》，《哲学动态》2023（6）。

（28）吴向东：《历史唯物主义视域中的制度与价值观》，《河北学刊》2005（3）。

（29）〔法〕雅克·朗西埃：《共产主义：从现实性到非现实性》，林晖译，《国外马克思主义评论》2010（5）。

（30）姚大志：《分配正义——从弱势群体的观点看》，《哲学研究》2011（3）。

（31）姚大志：《制度正义——政治哲学研究的核心议题》，《中国人民大学学报》2021（2）。

（32）袁贵仁：《论马克思主义的公正观》，《求索》1992（4）。

（33）张盾：《马克思哲学革命中的伦理学问题》，《哲学研究》2004（5）。

（34）周凡：《历史漩涡中的正义能指——关于"塔克-伍德命题"的若干断想》，《马克思主义与现实》2010（3）。

（35）George Sher, Effort, Ability, and Personal Desert, *Philosophy and Public Affairs*, 1979（8）.

（36）Allen Wood, The Marxian Critique of Justice, *Philosophy and Public Affairs*, 1972（3）.

（37）Husami Ziyad, Marx on Distributive Justice, *Philosophy and Public Affairs*, 1978（1）.

（38）Gary Young, Justice and Capitalist Production: Marx and Bourgeois Ideology, *Canada Journal of Philosophy*, 1978（3）.

（39）Allen Wood, Marx on Right and Justice: A Reply to Husami, *Philosophy & Public Affairs*, 1979（3）.

（40）Donald van de Veer, Marx's View of Justice, *Philosophy and Phenomenological Research*, 1973（3）.